모나미야 일기

안모남 에세이집

모나미야 일기

2025년 3월 12일 초판 인쇄
2025년 3월 13일 초판 발행

지은이 안모남

발행처 신아출판사
주소 전북자치도 전주시 완산구 공북1길 16
전화 063-275-4000, 252-5633
팩스 063)274-3131
이메일 sina321@hanmail.net
출판등록 제465-1984-000004호
인쇄·제본 신아문예사

ISBN 979-11-94595-24-3(03810)

값 18,000원

이 책의 판권은 저자에게 있으며
이 책의 전부 또는 일부를 재사용하려면 저자의 동의를 받아야 합니다.

모나미야 일기

안모남 에세이집

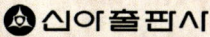

1부 아련한 교회의 종소리

- 20 아련한 교회의 종소리
- 22 벚꽃 터널
- 24 꽃과 잎새의 권력
- 26 높은 언덕
- 27 가을
- 28 정자나무
- 30 고향집
- 31 일 년이 금방 간다
- 32 뻐꾸기
- 34 창가에 부딪히는 빗소리
- 36 아쉬움
- 38 뒷모습
- 39 비가 온다
- 40 성은 고 이름은 로쇠
- 42 여름
- 44 빠른 세월 느린 세월
- 46 공기
- 48 나는 지금이 좋다
- 50 장마
- 52 십 년만 젊었으면
- 54 노인
- 56 갈수록 농사짓기 힘들다
- 58 옥상에 가지 나무
- 60 아빠의 요리 솜씨
- 62 주차 매너 때문에
- 64 장롱면허
- 66 엑스포 1박 2일
- 68 폭죽 터지는 소리
- 70 월트 휘트먼은
- 72 춘향제 폐막식
- 76 셰퍼드와 진돗개
- 78 열린 지퍼
- 80 원장님은 코미디언
- 82 백만 송이 장미
- 84 한 표도 안 나온 반장 후보
- 86 화이트칼라 영감님
- 88 영웅의 콘서트

2부 똘방진 윤희야

- 94 똘방진 윤희야
- 96 구역예배
- 97 박카스 한 병
- 98 우리 다시 반말로 하자
- 100 피아노 연주회
- 104 솔직하게 말해 준 엄마
- 106 용성초 전교회장 딸래미
- 108 전주로 유학
- 110 하숙집에 보낸 택배
- 114 딸래미 남친 있냐
- 118 딸래미의 미국 유학길
- 120 미래의 아들에게
- 122 웰 컴 딸래미
- 123 연수 교육 수료
- 124 지구대 발령
- 126 아, 네가 경찰이지
- 128 사랑하는 딸 시집 가는 날
- 130 태중에 보낸 편지
- 134 시야가 넓은 집
- 136 스키니 바지
- 138 생일

3부 장가가는 아들에게

- 142 어린이집 첫 날
- 144 교회의 미끄럼틀
- 146 애기의 장난감
- 148 마사지 실의 마네킹
- 150 유치원 폭력
- 152 간식 지키는 동생
- 154 담양 군수차
- 155 작은 APT
- 156 산교육
- 158 전교 부회장 정해영
- 160 상처 난 얼굴
- 162 결혼 상대를 만날 때
- 164 용돈과 자유
- 166 부풀려진 매상 장부

168 아들의 알바
170 군 교육은 돈 주고도 못 받는다
172 계룡대 임관식
174 상무대 입소 앞두고 덜덜
176 상무대 입소
178 하계 훈련 중 아들의 편지
180 동계 훈련
181 나이키 패딩

182 명품 시계
183 미래의 딸에게
184 수많은 별 중에 예쁜 별
186 장가가는 아들에게
188 명심 세 가지
190 손자가 그리운 나
192 나의 사랑하는 손주 연준에게

4부 엄마, 안녕

198 촌지
200 VIP로 오신 우리 강 서방님
204 날아라 예율이
206 제낭 박갑수 쌤
208 군인을 보면 다 우리 아들 같다
210 새벽 커피
212 군대 가는 청년에게
214 목욕탕에 가면
216 우산(비)
218 장학금
219 수학여행
220 배냇머리

222 팁
223 우체부 아저씨
224 경품당첨
226 아듀 15년 8월
228 북에서 온 손님
230 한 표도 안 나온 반장 후보
232 역사의 힘은 강하다
238 인체공학
242 이모님 전상서
246 큰 나무 고목 되어 쓰러지다
248 엄마, 안녕
250 그리운 어머니

5부 30주년

256 30주년
258 경찰에게 스티커 끊다
260 손가락
262 삶의 터전 백조 미용실
264 떠난 손님
266 서울에서 온 손님
268 새벽 손님
270 예쁜 초등생
271 오싹한 이야기
272 장 쌤은 멋진 해병대 사나이
274 돌고 도는 돈이란
276 청년의 음주 운전 미안해서
278 뺑소니범을 잡다

282 오토바이 도둑
284 우리집 애마 쏘나타 님
286 고딩의 책가방
288 겁 없는 고딩
290 듬직한 볼보
292 첫 손님
294 웃음소리
296 칭찬은 고래도 춤추게 한다
298 많이 슬픈 IMF
302 사후기증
304 아름다운 유언
306 모나미야의 최종 학력

책을 펴내며

모나미야 일기를 내며

저는 하루일과를 마치면
장부 정리와 함께 짧은 일기를 쓰면서
그때그때 생각나는 것들을
글로 옮길 때도 종종 있다 보니

지나온 시간이 저에게는 어느덧
작은 역사가 되어
정리도 할 겸 주절주절 써놓은 글을 모아
한 권의 책으로 막상 내려니 쑥쓰러움도 있습니다.

글쓰기 좋아했던 30대 시절
10년 간 써 모은 글을

이사할 때 분실해 아쉬움도 큽니다.

대단한 글은 아니지만
솔직한 저의 글을
그 자체로 봐주셨으면 합니다.

고맙습니다.

2025년 3월
안 모 남

사랑하는 아내, 안모남 여사

당신이 쓴 한 글자, 한 문장마다 얼마나 많은 감정과 시간이 묻어 있는지 알기에 이 책이 더욱 특별하게 느껴집니다.

나와 함께 살면서 일하느라, 또 아이들 훌륭히 키우느라 고생 많았습니다. 힘든 날에도 당신이 옆에 있었기에 극복할 수 있었어요.

당신의 희생과 사랑에 늘 감사하고 이제는 당신이 쌓아온 모든 사랑과 노력에 보상받으며 앞으로는 손주들과 함께 여행도 다니고 건강 챙기며 평화롭고 행복한 노년을 보냅시다.

고생 많았어요. 사랑합니다.

남편 정태규

엄마의 진솔함, 저희에게 큰 선물입니다

　사랑하는 엄마, '모나미야 일기' 에세이 발간을 축하드립니다. 어린 시절 미용실 영업을 마감하는 저녁 시간 초등생이었던 윤희는 거울 앞에서 춤을 추고 엄마는 장부 마감과 함께 늘 일기를 쓰셨던 장면이 머리에 스쳐요.
　이 책은 단순한 기록이 아니라 엄마의 하루하루가 쌓여 만들어진 엄마의 삶이 녹아있는 귀한 이야기이자 엄마의 철학과 마음이 고스란히 담긴 작품입니다.
　귀한 이야기들이 한 권의 책으로 엮여 세상에 나올 수 있게 된 것을 생각하니 얼마나 값지고 소중한 일인지 가슴이 벅찹니다.
　엄마는 언제나 무언가를 배우고 도전하는 분이셨어요. 항상 열정과 끈기로 이루고자 하시는 목표를 실현하시는 모습이 정말 존경스럽습니다.
　글 속에 담긴 엄마의 진솔함이 널리 퍼지길 바라며 저희에게 주신 선물 감사합니다. 사랑해요. 고생 많으셨어요.

딸 정윤희

축하의 글

등대와 같은 하나의 지표 될 것

　인생은 찰나의 순간, 잠시 왔다 가는 '공허'라지만 마치 이순신 장군과 같은 위인처럼 인생의 그 짧은 순간을 기록하신 '우리 장모님', 새벽녘 교회의 아름다운 종소리에 홀려 냇가 너무 산 너머 교회로 종종걸음 하던 소녀가 어느덧 육십 후반.

　잔잔하면서도 거칠고, 당장 와 닿을 것 같으면서도 금세 멀어지는 '바다와 같은 인생'을 견디고 견뎌 마침내 이겨냈습니다. 한 인생의 일대기가 장엄 그 자체인데, 사랑하는 장모님의 인생 일대기는 우리 자손들에게 등대와 같은 하나의 지표가 될 것입니다.

　장모님의 기쁨과 눈물, 희망과 좌절, 삶의 지혜가 담긴 이 책 한 권은 부모로서, 사회인으로서 낯선 인생이라는 항해를 떠나는 우리에게 위로와 용기를 줄 것입니다.

　30여 년간 살아오면서 이런 책을 읽고 싶었습니다. 앞으로 내가 가장 보고 싶은 책, 바로 이 책입니다. '사랑하는 우리 장모님' 감사합니다. 그리고 사랑합니다.

사위 정현수

매 순간 도전하며 극복…어머니, 존경합니다

사랑하는 엄마의 이야기를 담은 책 한 권이 세상에 나온 뜻깊은 시간입니다. 단순한 서사가 아닌 엄마의 가치관과 삶이 담긴 소중한 작품이라 생각하니 마음이 뭉클해지네요.

이 책을 사람들이 엄마의 용기와 따뜻한 마음을 공감하리라 믿어요. 엄마가 걸어온 고난을 극복하고 도전을 이어가는 모습을 통해 자식들에게 큰 힘을 주셨고 깊은 감사와 자부심을 느낍니다.

엄마의 삶의 이야기를 담은 이 책으로 노력과 희생의 의미를 다시금 깨닫는 기회로 삼겠습니다. 다시 한번 출간을 축하드리고 행복한 날들을 기대합니다. 사랑합니다. 엄마!

아들 정해영

축하의 글

어머님의 지혜와 경험이 담긴 책

드디어 기다리고 기다리던 어머님의 책 출간을 진심으로 축하드립니다.

어머님의 글 솜씨가 대단하신 건 알고 있었지만, 이렇게 책을 출간하시기까지 큰 뜻이 있으셨지는 몰랐습니다. 어머님의 인생이 담겼다 할 수 있는 글을 '내가 감히 읽어도 될까'라는 마음과 '어떤 글이 실려 있을까'라는 궁금함으로 설레기도 합니다.

책에 담긴 어머님의 지혜와 경험이 저희에게 뼈와 살이 되리라 생각하며, 다시 한 번 진심으로 출간을 축하드립니다.

며느리 최은지

순수한 본질이 무엇인지 묻는 '모나미야 일기'

　존경하는 우리 이모, '모나미야 일기' 에세이 출간을 진심으로 축하합니다.

　어린 저의 눈에도 옛날부터 이모는 항상 세상을 보는 눈과 사람을 대하는 인품이 남달랐던 멋진 어른이셨습니다. 그런 이모의 글을 볼 수 있게 되어 독자로서 기대가 됩니다.

　겉멋으로 치레한 현학적인 글이 넘쳐나는 시대에 순수한 본질이 무엇인가, 이모의 글이 많은 사람에게 공유되기를 바랍니다.

조카 박예율

축하의 글

어린 모나미를 기꺼이 보내며

　언젠가 고모께서 그동안 써온 글이 있는데, 그것을 모아 책을 내고 싶다고 조심스럽게 말씀하셨습니다. 무척 귀한 계획이라 도울 일이 있다면 돕고 싶다고 했습니다. 그런 기회로 고모의 글을 모으며, 발간 전 원고를 읽는 행운을 얻게 되었습니다.

　몰랐던 많은 일을 알게 됐습니다. 공유하지 못했던 시간의 틈새를 글로 채울 수 있었습니다. 담담하게 써 내려간 글에는 기쁨과 슬픔, 행복과 고통이 고스란히 담겨 있습니다. 어느 대목에서는 함께 기쁘다가 어느 구절에서는 말할 수 없이 애달픕니다. 문득 고통스럽기도 합니다.

　'모나미야 일기' 발행을 축하합니다. 그 시간을 모두 견디어 내신 고모님께 존경을 표합니다. 원고정리를 끝내고도 산뜻하게 보내지 못한 어린 모나미와 이젠 저도 기꺼이 작별하겠습니다.

조카 안지현

소중한 기억이 그대로 담긴 우리들의 일기

　우리 처형이 60을 훨씬 넘긴 나이에 '모나미야 일기'를 출간했다. 일상의 단상을 일기 형식으로 기록해 두었다가 고민 끝에 용기를 내어 책을 내기로 마음먹었단다. 멋진 결정이다. 그 용기에 박수갈채를 보낸다. 너무도 축하할 일이다. 처형의 일기가 우리들의 일기이기 때문이다. 우리들의 생각과 느낌이 그대로 묻어난다.

　우리가 살아온 날들에 대한 소중했던 기억들이 사라지지 않고 책으로 나올 수 있어서 너무도 기쁘다. 꾸밈없는 소박한 언어로, 때로는 투박한 표현으로 삶의 모습을 있는 그대로 담아내고 있다. 여전히 맑고 고운 십대 소녀의 감성이 문장 곳곳에 배어 있다. 여장부의 기질 속에 이런 감성이 숨어 있는 줄 미처 몰랐다.

　제부라면 그저 목숨을 내놓을 정도로 나를 아껴주고 위해주던 처형의 '모나미야 일기' 출간을 축하드리며.

제낭 박갑수

아련한 교회의 종소리
벚꽃 터널
꽃과 잎새의 권력
높은 언덕
가을
정자나무
고향집
일 년이 금방 간다
뻐꾸기
창가에 부딪히는 빗소리
아쉬움
뒷모습
비가 온다
성은 고 이름은 로쇠
여름
빠른 세월 느린 세월
공기
나는 지금이 좋다
장마
십 년만 젊었으면
노인
갈수록 농사짓기 힘들다
옥상에 가지 나무
아빠의 요리 솜씨
주차 매너 때문에
장롱면허
엑스포 1박 2일
폭죽 터지는 소리
월트 휘트먼은
춘향제 폐막식
셰퍼드와 진돗개
열린 지퍼
원장님은 코미디언
백만 송이 장미
한 표도 안 나온 반장 후보
화이트칼라 영감님
영웅의 콘서트

1부

아련한 교회의 종소리

아련한 교회의 종소리

아련히 들려오는 교회의 종소리
하나님께서 나를 부르는 종소리가
멀리 황벌교회에서 들려온다

모나미야 이리와 봐
여기에 오면 꿈과 양식을 주리라고
내 귓가에 때앵 때앵 맴 돈다
그 어린 시절 짧은 다리로 종소리를 따라
먼 곳까지 달려가곤 한다

지금 생각해 보면 나는 그때부터
수많은 양들 중 하나님께
캐스팅 된 어린 소녀였기에
보잘 것 없는 미천한 심령을
손잡아 주신 하나님께
감사와 영광의 말씀을 올린다

지금도 고향을 떠올리면
황벌 교회에서 울려퍼지는
아련한 교회의 종소리가
50년이 지난 지금도 들리는 것 같다

그 어린 시절 별을 보며
산과 들길을 혼자 지나도 무섭지 않았는데
지금 가라면 못 갈 것 같은 그 길이

아, 어린양이 혼자 지날 때
주님께서 동행해 주셨구나
우매한 나는 참 빨리도 깨달았구나

벚꽃 터널

긴 겨울 폭풍 눈보라에도 의젓하게 서서
겨울을 이겨내고 임무 수행할 준비를 하네
날마다 벚꽃나무 터널을 지날 때
멀리서 봐도 움직임이 보인다

꽃망울을 만들려고 하루하루 달라지는 모습이
머지않아 꽃이 피면 사람들이 모여들어
벚꽃터널을 거닐며 변치 않고 찾아온
자연의 위대함에 기쁜 탄성이 터져 나올 것이다

도토리나무 같이 무뚝뚝해 보이기만 하던 너,
겨울 혹한을 이겨내고 바늘보다 가녀린 가지에
그렇게 영롱한 꽃을 피우다니

오, 하나님의 섭리는 형용할 길 없도다

꽃과 잎새의 권력

세월은 유수와 같아
어제 내린 눈이 녹기도 전
여기저기서 예쁜 꽃들이
하나 둘 피기 시작 하네

꽃들은 인기를 한껏 누리며
칭송과 찬사 강력한 지지로
예쁜 자태를 뽐내며 교감하는 사이
잎사귀는 어느새 그 틈 사이로 나와

어이 꽃잎 자네가 이 세상에서
제일 예쁜 줄 알고 교태를 부리지만
민심은 꽃과 멀어져
잎사귀가 더욱 멋지다고

이제 꽃잎 자네 시대는 지나가고
이팔청춘 푸른 잎 시대가 왔네

꽃잎 자네 시대는 예쁘다고
칭찬 받으며 세월 지나가지만

나는 민심을 끌어안고
롱런하기 위해 노력 하겠네

무더위엔 바람을 제공하고
햇볕 따가울 때 그늘을 만들어
무엇으로 사랑받을지 많은 연구를 해
나의 마지막까지 따뜻한 방에
불쏘시개로 봉사하며
일생을 마치겠다는 각오로 다하겠네

피는 꽃과 잎 사이에도 인간과 같이
신 구 사정없이 밀어내는 것을 보니
모든 사물도 심한 권력 쟁탈을 하는구나

사월의 어느 날

높은 언덕

어린 시절 우리 동네
높은 언덕 깊은 시냇가

그렇게도 높은 언덕은
한걸음이요

빠지면 죽을 것만 같았던
시냇가 빨래터

어른 되어 가보니
무릎 밑인데

그 높고 깊은 시냇가
그때는 그랬었는데

가을

아침저녁 서늘하니
가을인가 봅니다

가을이 얼마나 좋으면
더도 덜도 말라고 했나

엊그제 씨 뿌린 것 같은데
어느덧 색동옷 갈아입고
가을은 깊어 간다

다시 오는 봄날에
파란 옷 입고
온다고 하네요

정자나무

따사로운 봄을 지나 여름에는
시원한 휴식처를 만들어주고
가을 문턱에서 소임을 다하니
후년 계획을 세우려
장고의 시간을 준비한다

바스락바스락
하나둘 떨어지는 잎새

언제나 변함없이
따가운 햇빛을 가려주고
심히 흔들리는 바람에도
너그러이 춤을 추는 너,

더위에 지친 우리는
너의 넓은 그늘에 앉아
더해주는 바람에

출처 한국저작권위원회

시원한 여름을 보낼 수 있어

좋구나

다시 오는 봄에도 너의 그늘 밑에서
저물어 가는 황혼 길 노년의 친구들과
손자 놈 자랑할 수 있도록

살아 숨 쉬어
이 자리에 있었으면 좋겠다마는

우리의 아지트인 동네 앞 정자나무,
날마다 이 자리에 나와 앉아
말동무하며 지내던 친구들은
어깨에 스치는 찬바람에

집으로 들어간다

고향집

오남매가 부대끼고 살았던
엄마 떠난 고향집 앞마당엔
무성한 잡초가 키를 넘고

꽁꽁 숨겨둔 장롱 속에 참깨 한 되
사이다병에 녹두 반 되
방바닥 깔아놓은 지폐 몇 장

금방 올 거라 생각하고 떠나
아들 곁에서 긴 시간이 흘렀네

잘 보관된 곡식에는 지금도
엄마의 숨결이 배어 있어
가슴이 쓰려온다

출처 2018년공유저작물DB수집

일 년이 금방 간다

추위가 물러가는 길목에서
풍성한 푸르름은 잠시
어느새 단풍 들어 알록달록 물들이고

스산한 찬바람에 하나둘
떨어지는 낙엽 옷을 벗고 드러내는
앙상한 가지 나무 옆에 서 있는 나는
옷가지 하나를 덧입는데

너희도 해를 따라
옷 갈아입기 바쁘구나
나도 잠시 쉬었다가
다시 오는 봄을 준비하는데
60K로 가는 나의 하루가

일 년이 금방 간다

뻐꾸기

사춘기를 몹시도 심히 앓던 어린 시절
논에 나가 보리 베어 놓으라시며
장사 나가시는 울 엄마

나른한 봄날 마음은 심숭한데
친구 하나 없는 외로운 봄날
아무도 없는 들판에 홀로 보리를 벤다

뻐꾹뻐꾹 뻐꾸기 우는 소리가
나를 더욱 따분하게 하는구나
예쁜 내가 논에 보리나 베고 있다니
이건 아니잖아
빨리 커서 서울로 가야지

조그마한 아이가 큰 논에서
혼자 보리 베는 모습을 본
면에 다니던 권이 오빠가 내려와

나미야 보리는 이렇게 베는 거야
내가 농고 출신 아니냐
하며 보리를 베어 준다

그때 권이 오빠는 나를 무척 예뻐했지
똑똑한 권이 오빠를 좋아했는지
무척 수줍어 했다

그 옛날 외로이 울어대던 뻐꾸기
이 나이에도 뻐꾸기 울면
어제 들었던 듯 외로움이 밀려온다

창가에 부딪히는 빗소리

내리는 빗소리가 요란하다
빗소리에 새벽 단잠을 깨고
창가에 부딪히는 빗방울 소리에
내 마음도 젖어든다

또르랑또르랑 소리 내며
세차게 내려와 유리창을 때리네
아침에 나와 보니 유리창에 찌든 먼지
어떻게 닦을까 고민했는데
깨끗하게 청소하고 갔구나

너의 그런 뜻도 모르고
저러다 유리창을 깨면
어쩌려고 세차게 비는 내리나
밤새 근심했는데 괜히 걱정 했나봐

고마운 비야

나는 너무 높아 무서워
청소하기 어려우니
다음에도 네가 좀 해 주렴
기다리고 있을게

너를 기다리는 이가 비단 나뿐이랴

아쉬움

봄인가 하니 여름 지나
낙엽 지고 좋았던 너의 시절도
다 지나가는데

너를 보면 내 인생도 저물어
석양에 지는 해와 같아
몸은 쇠약해지고
상처 난 곳뿐이련만

너처럼 나에게도 다시 한 번의
기회가 주어진다면
젊은 시절 시간을 낭비하지 않고
멋진 날을 그려보련만

가버리면 그만인
한 번뿐인 인생의
아쉬움이 가득한 마음

너는 겨울지나
만물이 생동하는 시절이 오면
늘어진 가지의 매무새를 가다듬고
예쁜 꽃을 피우려 힘을 내
도전할 기회가 있어 좋게다마는

나는 실패를 거울삼고 다시 한 번
시작하면 잘해보련만 기회가 없어

아쉬움이 크다

뒷모습

웅크렸던 몸과 맘을 추스르고 운동길에 나섰다
며칠 사이 활짝 핀 꽃 아치에 들어서니
열렬히 환영하며 반겨주는 듯 꽃가지를 흔들고
그 아래 나는 뭐라도 된 듯 서있네

부끄럽구나 이렇게 반겨줄 줄 알았으면
좀 잘 차려입고 나올 걸
너희는 너무 예쁜데 내 모습이 초라해
미안한 마음 뒤로하고 꽃길 따라 걷는데
내 앞에 뒤뚱뒤뚱 걸어가는 노인의 발걸음
앞질러 나의 뒷모습 보이고 싶지 않아
천천히 걸어 간다

빠른 나의 걸음 보면 부러울 노인
나도 그전엔 저랬는데 화살처럼 빠른 세월
금방 찾아올 내 모습 같아
겸손한 마음 담아 노인을 배려한다

비가 온다

8월의 무더위 몹시도 메마른 땅에
신음하던 초목들이 춤을 춘다

물을 나르던 농부도 오늘은 몸을 쉬고
비를 뿌린 하늘에 감사

님이 아니면 사람이 어찌
이토록 많은, 목마른 산천초목을
가꿀 수 있으랴

비를 좋아하는 모나미야도
이른 새벽에 떨어지는
빗줄기 소리에 문을 열고
밖을 향해 귀 기울인다

성은 고 이름은 로쇠

로쇠야
너는 어쩌다 너의 순진함을 들켜
해마다 만물이 생동하는 봄이 오기 무섭게
사람들이 너에게 달려들어
허리에 구멍을 뚫고
수액을 빼가는 고통을 겪고 사느냐

조금만 강했더라면
사람들은 네가 독하다고
근처에도 가지 않았을 텐데
아쉬움이 크다

로쇠야
너의 수액을 마시고
사람이 건강해진다면
감사한 일이 건만

인간의 삶도 모든 것이
희생의 연속이듯이
너도 우리와 같구나

언제인가 우연히 너를 접한 나도
너의 매력에 빠져
때를 기다리게 되어 미안하구나

고통을 감내하고
세상을 지배하는 우리에게
봉사하며 인내해다오

우리는 로쇠에게
아낌없는 칭찬을 보내 마

여름

한여름 내리쬔 열기가
밤을 지나 아침까지 식지 않아
삼복더위에 앞산 사철불변
푸르던 소나무도 가지를 느리고
여기저기서 탄식하는 소리가 들려

석 달 가뭄과 긴 장마,
거친 태풍에도 여름을 물리고
그 높고 푸른 청명한 하늘

코스모스 살랑대며
고추잠자리 떼 지어 날던
가을이 오지 않던 해는 없었다고

아무리 더워도 한 달이니 더위를 즐기자

그러다 보면 어느새

가을 오는 바람에 여름은 지고
황금들판 선물한 가을 들판이
우리 곁에 와 있으니

지난 시간 삶에 충실했던 임들은
입가에 함박웃음 지으며
우리의 노고가 헛되지 않아
방울방울 맺혀선 땀의 결실을 맺는다

빠른 세월 느린 세월

요천가에 길게 늘어선 벚꽃은
한창 물이 올라 터질듯하니
엊그제 피고 진듯한데
어느새 일 년 지나 또다시
머지않아 꽃은 피고 지고
파란 잎은 세월 지나
붉은 옷 갈아입고
떨어진 낙엽은 올 한해도
빠른 세월에 한탄하는데

00이 엄마는 내일
사랑하는 외아들이 군대 가는데
언제 세월 흘러 제대하냐고 애통
그 임은 느린 세월이 걱정이구나
지금은 세월이 느리다지만
아들이 제대하면 그 임도
빠른 세월을 말하리라

공기

질풍노도 사춘기 시절
따뜻한 보리밭에 누워
아지랑이 피어오르면
북녘 하늘까지도
보일듯한 영롱한 날씨

오늘날 9시 메인 뉴스에서
공기를 논할 줄 누가 알았을까
하나님께서 우리에게
많이 마시든 적게 마시든
무한 제공해 주신 공기

인류가 발전할수록 환경은 황폐해
우리의 건강을 위협하고 있다
전쟁보다 무서운 공격이다

우리는 나이 들었으니 그렇다마는

금쪽같은 자식들과 손자들에게
미안한 일이다

후세에 빌린 환경을
우리가 잘 보존해서
좋은 환경을 물려줘야 하는데
돌이킬 수 없이 오염된 환경

세계에서 공기 질 나쁜 나라
2위의 불명예를 않았다

1위 칠레

나는 지금이 좋다

사람들은 지나간 옛날을 그리워하며
옛날로 돌아가고 싶다고 한다

진실인가

옛날에 고생 안 하고 부하게 살았는지
나는 옛날로 돌아가기는 싫다
나이 들어가는 내가 좋다
모든 환경이 요즘에 비할까
먹을 게 없어서 보릿고개를
넘어야 하는 옛날이 좋은가

무더운 날 시원한 물 한 모금,
제철에 나는 과일 등등
모든 것이 부족한 시절
왜 옛날을 그리는 걸까

그리운 것도 있겠지만
세월은 물처럼 흘러가는 것
역행할 수 없듯이 사람이
원한다고 가버린 세월
되돌아오는 것도 아닌데

나는 지금이 좋다

장마

사계절 중 여름 장마도 없어서는 안 될 중요한 역할을
한다. 산과 들 하천 장마가 아니면 누가 그 많은 더러운
오물을 깨끗하게 청소하랴.

어느 마른 장마가 오던 해 산으로 야유회. 산골짜기에는
사람과 짐승의 오물. 어디에 코를 둘 곳이 없어 아~
장마가 이렇게 중요한 역할을 하는구나, 다시 한 번
하나님의 계획에 감탄했다.

장마는 왜 오는가. 일 년에 한 번 대청소 하는 기간,
장마가 지나가고 나면 온 세상은 맑고 깨끗하지만,
사람들은 장마에 주위가 필요하다. 많은 재산과
인명 피해를 막으려면 만전의 대비 태세를 갖추고
게을리해서는 안 된다. 방심하면 장마가 남기고 간
상처가 크기에 치유와 재건에 후유증이 남기 때문이다.
각별히 주의를 기울여야 한다.

십 년만 젊었으면

팔십 된 사람은 칠십을
칠십은 육십을 십 년만
젊었으면 좋겠다고 한다

사람 욕심은 끝이 없다

백세 시대에 사는 요즘 노인들은
팔십이라도 아직 멀었다고 생각한다
십년을 덤으로 받아 살고 난
후에라도 사람들은 흘러간 세월을
아쉬워 할 것이다

OECD 국가 중 한국은
일본 다음으로 수명이 긴 나라가 되었다

사람이 칠십이 넘으면
깊이 파인 주름진 내 얼굴에

책임감을 가지고 인생을 정리하는
시간을 가졌으면 좋겠다

칠십이 넘으면 아무리 똑똑한 사람도
판단력이 흐려지기 때문
나는 칠십이 넘으면 투표를 안 할 생각이다

투표에 관여하지 않고
젊은 사람들에게 맡기려 한다
우리 떠난 깨끗한 뒷자리를
젊은이들에게 미래를 부탁한다

노인

노인들은 거울 속에 비친
자기 얼굴을 보고 불만이 많다

흰머리는 왜 생기는지 몰라
주름진 얼굴은 거울 보기도 싫다며
나이 들어갈수록 허리 다리
안 아픈 곳이 없다며
불평을 늘어 놓는다

나는 이야기 한다
차도 새 차일 때는 씽씽 잘 달리다가
세월 지나면 여기저기 고장이 잦아지고
하다 보면 폐차를 한다고

사람도 마찬가지라고
하나님께서 젊어서는
좋은 현상으로 보게 하시다가

나이 들어 늙으면
속병 들고 흰머리 나고
이 빠지고 주름지고 허리 굽고
쓸 만한 곳이 없어야 죽어 태워도
하나님 보시기에 아깝지 않지

항상 젊으면 아까워서
어떻게 산에 묻겠냐고
모든 것이 하나님의 지혜와
섭리에 따르는 거라고

아이고 어떻게 그렇게 딱 맞는 말을

갈수록 농사짓기 힘들다

씨앗을 뿌려놓은 밭에
새싹이 파릇파릇 올라와
노심초사 걱정하며 나가보니
그새 노루 새끼들이 습격
다 먹어 치우고 가버렸네

죽일 놈의 노루 새끼 하며
또 씨를 뿌리고 뿌려서
겨우 살려 놓았는데
무지한 가뭄의 일기와 시름하며
늙은 농부의 속은 타 들어간다

호박고구마를 한밭 심어
자식들에게 보내주고
손주가 맛나게 먹을 걸 생각하며
힘든 줄도 모르고 잘 가꿔
풍성한 결실을 눈앞에 두고

아침에 밭에 나가보니

간밤에 못생긴 멧돼지가 조상을 끌고 와

그 큰 밭에 고구마 한 톨 없이

장을 치고 가버렸다고 한숨짓는

늙은 농부가 안쓰럽기 그지없다

날짐승 들짐승들과 싸우며

갈수록 농사짓기 힘들다

옥상에 가지 나무

옥상에 가지 모종 다섯 포기를 심었는데
무럭무럭 잘 자라 꽃이 피고
가지가 주렁주렁 열려 보기가 너무 좋아서

하루에도 몇 번씩 옥상으로 올라가
흐뭇하게 지켜보고 내려오곤 했다

며칠 후면 가지를
따 먹을 수 있겠다고
생각하던 중

어느 날 옥상에 올라가 보니
가지 나무 모두 삶아 놓은 듯 죽어 있었다

깜짝 놀라 남편한테
갑자기 왜 가지 나무가
다 죽어 버렸다고 하니까

놀라지도 않고 그러냐고 한다

원인도 알 수 없고 허망했다

오랜 시간이 흐른 뒤 잊힐 때쯤 남편은
그때 가지 나무 내가 죽였어
더 잘 크라고 비료를 주었더니
다음날 다 죽었다고 한다 허헐~~

아빠의 요리 솜씨

메기 매운탕을 끓여놓고
엄마 밥 먹자고 부른다
온가족이 둘러 앉아
아빠가 끓인 메기 매운탕을
너무나 맛있게 저녁을 먹는다

모두 다 맛있게 먹고 있을 때

애들아 질문
음식을 아빠가 해준 게 맛있냐
엄마가 해준 게 맛있냐

아들
조금 망설이다가
엄마한테는 미안한 얘긴데
아빠가 해준 게 더 맛있어

딸래미
나도 아빠가 해준 게 더 맛있어

그래서 나도 한마디
인정

아빠는 기분 좋아 UP

주차 매너 때문에

아들 집에 다가올 즈음 정안휴게소
장거리 운전하며 다들
휴게소에 들리는 것 중 하나
잠시 휴식도 필요하지만
어딘가 모를 휴게소에 매력이

자리를 보고 주차를 하려고 후진하는 사이
직진해서 오던 차가 새치기를
운전도 잘해 한방에 쏘옥
어어어 우리가 들어가려고 하는데
저 차가 들어가 버리네

남편은 나오라고 빵빵빵
내가 들어가려고 했다고
뒤에서 움직이질 않고 서 있다

아이 그러다 싸우겠네
당신이 다른 데로 가서

자리를 알아보라고 해도
이건 주차 매너가 아니라며 빵빵거리며
나오라고 어긋어긋 서 있다

신사의 품격
마누라 빼고
평생 누구와 언쟁 한 번
해본 적 없는 사람이

아이참 저 사람 깡패면 어쩌려고 그래
다른 데로 가보자고 해도
이건 주차 매너가 아니라며
얼른 나오라고 빵빵빵

주차하고 나오던 차주는 안 되겠다 싶었는지
다시 들어가 차를 뺀다
객지에서 서로가 서로를 모르니
혹, 저 사람도 우리가 깡패인 줄?

장롱면허

나는 면허를 따놓고
운전할 시간도 없고
항상 장롱 면허

그러던 어느 봄 날
대학 초년생 딸래미
멋진 옷과 명품 가방을 사주려고
온 가족이 차를 타고
전주 백화점으로 가는데

롯데마트를 벗어나 남편은
운전자를 바꿔 나한테
전주까지 천천히 운전을 해보란다

기분 좋다고 운전석으로 가는데
아들이 아니 이거 좋은 날 뭔 짓이여
뒷좌석에 딸래미는 똥그란 눈으로 쳐다보고

나도 놀라 바로 운전자를 바꿔타고 출발

나는 그때부터 운전하기가 싫어서
남편이 술 한 잔 마시고
나에게 대리를 불러도
택시 타고 오라며 사양

언제나 사장님처럼
타고 다니는 게 세상 편하다

정 기사, 운전해

엑스포 1박 2일

여수 엑스포가 열려 전국에서 사람들이
여수로 여수로 몰려간다

구경 좋아하는 남편을 생각해서라도
엑스포 구경 한 번 가봐야 할 텐데
차일피일하다 끝나 버리면
서운해 할 것 같아 날 잡아 여수로 갔다

입구부터 사람들이
끝도 없이 줄을 서 있다
이 사람들은 무얼 구경하려고
긴 줄을 서 있는 걸까

표를 사고 보니 우리도 그 줄에 서 있다
날씨는 뜨겁고 몇 군데 돌다 보니 지루해서
남편한테 집에 가자고 하니까 깜놀
어쩔 수 없이 역으로 가 차표 두 장을 샀다

나는 더 놀다 가고 싶다고
아이고 그러시라고 그렇지 않아도 미안한데
맛있는 것도 많이 사 먹고
오래오래 구경 잘하고 오라며
차 표 한 장을 물리고
혼자 기차를 타고 집으로 왔다

구경이 피곤했던 나는
집에 오니 무척 좋아 쉬고 있는데
12시 기차로 온다고 전화
날이 훤히 새도록 오질 않고 전화도 끊겨
연락할 길도 없고 너무 걱정하며 기다렸는데

남편은 구경을 너무 많이 해 피곤
기차를 타자마자
깊은 잠에 빠져 익산까지
서울 구경까지 하고 오시지

폭죽 터지는 소리

한밤 중 잠을 자는데 갑자기
펑 하는 소리와 함께 집이 흔들렸다

구경 좋아하는 남편은
광한루에서 무슨 행사가 있어
폭죽을 쏘는 줄 알고
자다 일어나 잽싸게
옥상으로 뛰어 올라갔다 내려오더니

광한루에서 폭죽 안 쏘는데 무슨 소리지
하고 있는데 사이렌을 울리며
경찰차가 우리 집 앞에 도착

알고 보니 옆집 2층 술집에서
술 먹다 싸움이나
맥주를 상자 채 던져
맥주가 터지는 소리인데

폭죽 터지는 줄 알고
옥상으로 올라간 남편 때문에
싸움이 난 그 상황에 크게 웃었다

월트 휘트먼은

눈으로 본 것과 보지 않는 영혼의 세계에서도
시를 써야 하고 성경에서 영향을 받아

민주주의와 미국인의 자부심을
여행을 통해 농토와 바다
도시의 사물에 대한 시를 많이 썼으며

가난 때문에 공교육은 초등 정도 받고
바다를 좋아했고 링컨 대통령을 존경했으며

휘트먼의 '지난 봄 라일락꽃이
앞마당에 피었을 때'란 시는
고 노무현 대통령을 생각하게 하는 시 같음

춘향제 폐막식

구경 좋아하기로 소문난 남편은
춘향제가 돌아오면 딸 아들한테서
아빠가 좋아하는 춘향제가 시작됐으니
구경 잘 하시라고 응원 전화가 온다

춘향제가 끝나고 나면
기획이나 모든 메뉴얼이 좋았다는
심사평도 잊지 않는다

오늘 저녁 폐막식
아침부터 비가 올 것 같은 쌀쌀한 날씨
저녁 춘향제 폐막식에 가는 남편은
바람막이 잠바 하나 입고 나간다

오리털 파카를 입고 갔어도 추워서
견딜 수가 없어서 돌아왔다는 후문
이 추운 날씨에 얼른 들어오지

왜 안 올까 애가 탄다

밤 10시가 넘어 들어오는 남편
추위에 얼마나 웅크렸던지
가슴이 아프고
허리를 펼 수가 없다고 한다

그 모습을 보고 있던 나는
추우면 빨리 와야지
이게 뭐 하는 짓이냐고 했더니
그럴만한 사정이 있었다고 한다

그 사정이 도대체 뭐냐고 하니
날씨가 너무 춥고 비까지 와서
그 많았던 사람이 모두 가버렸는데
아직 공연을 남겨둔 가수가 여러 명이라
가수 혼자 노래를 부르게 생겨서

미안한 마음에 도저히
올 수가 없었단다

아홉 명이 남아
끝까지 자리를 지키고

남원의 가수,
소명 님 공연을 끝으로
마치고 왔단다

남편은 그날 밤
지독한 감기게 걸려
콜록콜록하며 다니다

셰퍼드와 진돗개

셰퍼드가 군경으로 많이 뽑히는 건
빠른 친화력 때문에
군에서 선호하기 때문

진돗개는
우리의 명품 종인데도
군경으로 많이
뽑히지 못하는 까닭은

모르는 사람들과
빨리 친해지지 못하고
전임을 잊지 못해
새로운 후임과 친화적이지 않아
식음을 전폐해 투자비가
많이 들어 어려움이 많아서

셰퍼드는 살벌한 외모로

카리스마가 넘치는 것에 비해
진돗개는 안아주고 싶을 만큼
외모가 예쁘다

사람도 제대할 때
전우들을 못 잊어 울고 오는데
오랜 시간 호흡을
함께 해 온 전임이 떠난다면

나도 울겠네

진돗개, 힘내

열린 지퍼

내 앞에 저기 걸어오는 아저씨가
남대문을 활짝 열고 걸어오고 있다

아저씨 지퍼 잠그세요

하고 말해주면 놀라서
열린 지퍼를 붙잡고

아이구 감사합니다 감사합니다

지퍼가 열린 걸 보면
난들 첨 보는 아저씨한테
말해주기 쉬운 건 아니지만
누군가는 말해줘야
오늘 코디의 민망함을 멈춘다

누구나 한 번쯤 그런 경험을 했을 법한

앗 나의 실수이기에 길을 가다 더 이상
부끄럽지 않기를 바라며

용기 내어 말해 준다

원장님은 코미디언

치료받으러 치과에 가
마취하고 기다리고 있는데
중년여성이 옆자리에서
원장님과 상담을 하고 있다

원장님께서
이제는 할 수가 없어 틀니를 해야 한다고

그 여성은 하늘이 무너지는 표정과 큰소리치며
아유 원장님 나 절대로 틀니 안 할 거에요

잠시 기절 적막이 흐른 후 원장님은
며칠 후 다시 상의해 보자고 하신다

원장님 물어볼 게 있는데요
응, 물어봐
내일 모임이 있는데요, 삼겹살 먹어도 돼요?

원장님 화들짝 하시면서
삼겹살을 먹으면 어떻게 해
안 돼요, 안 되지
그 맛있는 삼겹살을 함께 먹어야지 그러면 돼

듣고 있던 사람들 빵 터짐 환자는 심각하게 묻는데

진짜 코미디언보다 위트 넘치는 원장님
치료받기 무서운 치과에서
큰 웃음 주시는 원장님 최고

백만 송이 장미

친구들과 저녁을 먹고 2차 노래방에 갔다
많은 친구들과 모여 춤추고 노래하며 한 것
분위기가 UP 되었는데 찬물을 쫙아악 뿌린 듯
음악이 흐르고 영 노래를 부른다

백만송이
백만송이
백만송이
백만송이
백만송이
백만송이
백만송이
백만송이

저 긴 가사를 바쁜 사람이
언제 다 외웠대 머리가 좋아
하며 조용히 다들 듣고 있는데

이제 끝나려나 하면 또 부르고
이제 끝나겠지 하면 또 부르고

듣다 듣다 내가 한마디

그 노래는 언제 끝나
에잇, 나도 못 부르겠다
모나미야 네가 좀 불러라
나도 못 불러 노래가 왜 그렇게 길어

한 표도 안 나온 반장 후보

초등학교 반장 선거에 어느 아이는
공약과 연설문을 작성
친구들의 마음을 얻어 보려
선거 운동을 열심히 하였습니다

투표 날이 다가 왔습니다
때마침 반장 선거가 난립
8명의 후보가 나와
표가 분산될까 걱정이 컸습니다

몇 표나 나올까 기다렸습니다
드디어 개표 시작
그런데 그 아이는
한 표도 나오질 않았습니다

선생님께서 그 아이한테 물어 봤습니다

○○아 너는 누구를 찍었냐
친구 ○○이를 찍었다고

정말 순진무구한 애들한테서나 볼 수 있는
때 묻지 않은 순수한 마음이 담긴 사례입니다

반장 선거에서는 떨어졌지만
그 아이는 훗날 생각해 봐도
떳떳한 패배였습니다

어린이 반장 선거에서 어른들이 배워야 할 듯

화이트칼라 영감님

병원에 진료받으러 가서 기다리고 있는데
옆에 두 영감님께서 말씀을 나누시는데
어찌나 품격있게 말씀들을 잘하고 계시는지

나는 속으로
아~저 영감님들이 지금은 늙었지만
한때는 잘나가시던
사람들이었나 보구나 하고
도대체 어디서 무슨 일을 했던 분들일까

나는 궁금해 죽겠다

참다 참다 두 분 사이에 끼어들어
말씀 중 죄송한데요 뭐 하나 여쭤볼게요
예 뭘 말이요

옆에서 두 분 말씀을 듣다 보니

어찌나 화이트칼라이신지 궁금해서요
지금은 일선에서 물러나셨겠지만
전에 무슨 일을 하셨나요

조금 망설이더니 말해 준다
평생 공직자로 국세청에서 퇴직하셨다고
아~예

영웅의 콘서트

서울 언니가 티켓팅 어렵기로 소문난 영웅의 콘서트 티켓 2장을 보내와 남편과 대구로 간다. 주차를 하고 올라가는데, 네다섯 명의 엄마가 커피를 끓여 마시면서 커피 한잔하고 가시라며 우리를 부른다. 감사히 마시며 간다. 공연장 입구에 들어서니 알바생이 다가와 표를 보자더니 손잡고 같이 가 자리를 찾아준다.

옆에 앉은 젊은 아주머니는 어디서 오셨냐고 묻는다. 남원에서 왔다고 하니까 멀리서 오셨다고 깜놀. 아주머니는 어디서 오셨냐고 하니까 관광버스 타고 경기도에서 오셨단다. 아니, 남원이 더 가까운데 왜 놀라시나.

영웅 콘서트는 몇 번째 오셨냐고 묻길래 처음 왔다고 하니까 더 크게 놀라며 본인은 여섯 번 째 온 거라며 가방을 열어 영웅의 캐릭터를 이것저것 챙겨 주는 걸 앞자리에 앉아 계시던 분이 뒤돌아 보며 자기도 처음이라고 하니까 그분한테도 한주먹 챙겨 드린다.
콘서트를 다녀 봤어도 이렇게 인심 좋은 콘서트는
처음. 영웅 콘서트에 오신 분들의 마음 씀씀이가 영웅을
좋아하는 마음들이 자식처럼 생각하는 것 같다.

공연 시작, 구슬이 주렁주렁 달린 하얗고 멋진 옷을
입고 오프닝 댄서들과 여러 곡에 맞춰 춤을 추며 노래를
마친 영웅은 숨을 헐떡이면서 이제는 춤을 춰도 하나도
힘들지 않다고 관중에게 큰 웃음.

다 일어나라는 영웅 함께 춤을 추는데 의자 하나
흐트러짐이 없이 공연이 무르익을 때쯤, 이 시간은
여러분 곁으로 다가갈 시간이라고 하면서 영웅이
여러분 옆으로 갈 때면 악마의 손을 뻗치지 말아 달라고
옷을 잡아당기거나 몸을 할퀴지 말라고 우는 시늉을
한다. 빠른 곡을 부르며 저기 뛰어오는 영웅. 크다고만
생각했던 영웅은 키 큰 경호원들에 둘러싸여 작아

보이기만 하는 영웅.

드디어 내 쪽으로 오는 영웅. 아니 이것은 무슨 횡재. 손가락을 꽉 잡고 놓아주질 않고 영웅과의 약속을 어겼다. 경호원의 뿌리침으로 영웅은 뛰어가고 순간 나는 여섯 살 손녀딸 손을 잡은 듯 어찌나 가냘프고 부드럽던지. 그래, 날마다 팬들과 손을 잡는 영웅의 손 관리를 하겠지.

술렁거렸던 순간이 지나고 옆에 앉은 경기도 아주머니는 영웅의 손을 잡은사람 있냐고, 나는 잡았다고 하니까 본인은 여섯 번 왔어도 한 번도 못 잡아 본 손을 처음 오신 분이 복이 많다고 부러워한다. 일곱 번을 다녀왔어도 영웅 손 한번 못 잡아 본 언니는 영웅 손을 그렇게 세게 잡으면 어떻게 하냐고 언니한테 나는 혼났다. 언니 그럼 영웅 공연 한 번만 더 보내주면 다음엔 안 그럴겡.

옆자리에 계셨던 경기도에서 오신 친절 하시던
그분, 엉겁결에 헤어지고 나니 번호라도 알고 왔으면
시골에서 나는 양념이라도 보내 드리고 우정을
나누었을 것인데 영 서운하다.

똘방진 윤희야
구역예배
박카스 한 병
우리 다시 반말로 하자
피아노 연주회
솔직하게 말해 준 엄마
용성초 전교회장 딸래미
전주로 유학
하숙집에 보낸 택배
딸래미 남친 있냐
딸래미의 미국 유학길
미래의 아들에게
웰 컴 딸래미
연수 교육 수료
지구대 발령
아, 네가 경찰이지
사랑하는 딸 시집 가는 날
태중에 보낸 편지
시야가 넓은 집
스키니 바지
생일

2부

똘방진 윤희야

똘방진 윤희야

딸래미 5세 때 매주 일요일이면
엄마아빠는 일정이 바빠 교회에 못가고
자가용도 없던 시절 누나와 동생
신앙심을 심어주기 위해
택시를 태워 교회에 보낸다

어느 주일 택시를 태워 보내려는데
엄마 귀 좀 대봐 왜
귀에다 대고 하는 말

엄마 우리를 납치할지 모르니
우리가 택시를 타고가면
택시 번호 좀 적어 놓으라고 한다

정말 5세의 딸래미가 기특했다
납치할까봐 어린 나이에도
그런 생각을 하다니

그래서 나는 항상 적어 놓는다고
걱정 말고 다녀오라고 하니까
밝게 웃으며 교회로 갔다

구역예배

약국 안집으로 여섯 살 윤희랑
구역 예배를 보러갔다

빙 둘러 앉자 예배가 시작
권사님이 기도를 하려는데
윤희도 기도를 하려고 납작 엎드리는 순간
뽕하고 방귀를 뀌었다

웃음이 나서 살며시 눈을 뜨고 보니까
윤희가 놀란 얼굴로 사람들을 둘러보더니
갑자기 나온 방귀에 저도 당황했나 보구나
하고 눈을 감고 기도를 마치고 눈을 떠보니
윤희가 가버리고 없었다

예배를 마치고 집사님들과 웃으며
다과를 마친 후 헤어져 나와 제과점으로 가보니
시치미를 뚝 떼고 이모랑 놀고 있다

박카스 한 병

엄마는 6세 4세 남매의 손을 잡고
장날 구경도 하고 장도 볼 겸 시장으로 가는데
8월의 무더위 장렬한 태양 아래
시원한 음료수가 생각나
바로 옆 약국에 들려
박카스 한병식 드리킹 하고
우리 셋은 정답게 손을 잡고 활보하다가
애기들 얼굴을 보니 그렇지 않아도 뜨거운 날
빨갛게 달아올라
어린 애들이 박카스 한 병을 마시면 취한다는 걸
그때 알았다
취한 얼굴을 보고 처음엔 놀랐지만
우리는 ㅎㅎㄹㄹ 웃으며 집으로 왔다
남매는 성인이 된 지금도 박카스를 좋아한다

우리 다시 반말로 하자

딸래미 초등 5학년
부모에게 반말을 계속 하게 되면
교육상 좋지 않을 것 같아 딸 아들을 불러

애들아 너희들 오늘부터
엄마 아빠께 존댓말을 쓰라
했더니 말이 떨어지기 무섭게

예, 엄마

존댓말을 쓰기 시작한다

반말하며 지내던 애들이 갑자기 존댓말을 하니까
정감 없고 거리감도 생겨 다음날 다시 불러
애들아 안 되겠다 우리다시 반말로 하자고 했다

왜요

왠지 거리감이 생기고 정겹지가 않아

그날 우리 가족은 존댓말을 취소하고
24년 지금까지 반말로 지내고 있다
앞으로도 칠순 팔순이 되어도
존댓말 하지 말고 반말로 하자잉

피아노 연주회

피아노 연주회가 열려
전체 원생이 연주복 드레스를
우리 집에서 입고 연주회 참여

딸래미가 입으려고 정해놓으면
예쁘다고 엄마들이 욕심내면 윤희는
그 아이에게 양보하고 또 양보를 해

마지막 남은 보라색 드레스를 입고
연주장에 갔는데
윤희한테 미안하고 기분이 좋지 않았다

그런데 연주장에서 엄마들은
윤희 드레스가 젤 예쁘다면서
또 탐을 낸다

드레스 집 딸래미라

예쁜 드레스를 입힐까 봐
관심이 많았다

나는 아무 투정 없이 양보만 해주던
윤희를 생각하면 속이 상했다

그다음 해 학원 주최로
다시 연주회가 열렸다

그때도 전체 원생이
우리집 드레스를 입고 연주회를 했는데

그때는 서울 드레스 사로 데리고 가
예쁘게 맞춤 아무도 몰래 안방에 감춰놓고
연주회 날 제일 예쁜 드레스를 입혔다

사람들은 너무 예쁘다면서
그 드레스는 어디에 있었냐고

드레스 집 딸이라 다르다며 질투를 했다

그 드레스가 초등 2학년 때
저기 걸려있는 사진 속 하얀 드레스

비싼 돈 들여 맞춘
하얀 드레스를 입고 나온 윤희는
제일 예쁜 걸 알고 의기양양했음

솔직하게 말해 준 엄마

윤희와 해영이가 초등학교에 다닐 때
공부하다 어려운 문제가 생기면
엄마한테 물어 본다
가르쳐 주고 싶어도 몰라서도
가르쳐 줄 수가 없었다

윤희야 해영아 이리 와 봐
엄마는 공부를 하고 싶어도
할머니가 돈이 없어서
공부를 하지 못해 아는 것이 없어서
가르쳐 줄 수가 없으니까
앞으로는 궁금한 것이 있으면 선생님께 여쭤봐

선생님께서는 열심히 물어보는
어린이를 좋아하신다고
백번을 물어봐도 선생님께서는
친절하게 가르쳐 주신다고 했더니

고개를 끄덕끄덕

그날 이후로는 교과서를 가지고
한 번도 물어본 적이 없는

영특한 윤희와 해영이

용성초 전교회장 딸래미

우리 윤희는 용성초등학교
1,250명 중 한 사람 전교 회장이다

1학년 때부터 반장과 반회장을 거쳐
5학년 때는 전교부회장에
압도적으로 당선

맡은 바 책임 임무 수행을 다했음으로
6학년 전교회장 선거에서도
압도적으로 표를 받아
1,250명 중 유일한 사람
전교회장에 당선 됐다

선거 기간 중 연설문과 공약집을 짜서
정견발표가 있던 날
자전거를 타고 학교로 가
엄마를 보면 동요 할까 봐

담벼락에 숨어서 윤희 연설을 들었다

운동장에 많은 사람들 앞에 나와
제스처도 멋지게 떨지도 않고
다른 친구들과는 차별화 되게
연설을 너무나 잘해서 벅찬 감동을 받고
뜨거운 박수 소리에 전교회장이 되겠구하고
집으로 왔다

미용실 집 딸이 전교회장이 되었다고
똑똑한 딸 두었다고 축하도 많이 받으며
엄마 아빠도 못해본 걸 해낸 딸래미가 대견스러웠다

전주로 유학

딸래미 중학교 졸업 후 고등학교 전주로 개학일에
맞추어 짐을 실고 하숙집으로 가 짐정리를 다하고
내려가자 하니 남편은 선뜻 나서질 않는다. 서둘러
가자고 내려오려는데 딸래미는 등돌리고 벽에 붙어
울기 시작한다.

하숙집 아주머니는 연례행사인 양 눈 하나 깜짝 않고
팔짱끼고 서서
"으~응, 일주일이면 돼 일주일."
하고 서 계신다.
"아~ 아."

'다른 애들도 부모와 떨어져 하숙집에 오면 일주일이면
속이 삭는구나'하고 하숙집을 나와 집으로 오는데 아무
말 없이 운전만 하고 오던 남편은 꾹 참고 오다가
약수터쯤에서 울음 폭발. 나는 울지 말라고 달래며
우물 안 개구리가 되면 좋겠냐고 성공하려면 큰 도시로

나가야 한다고 달래며 오는데 세상에, 집에 도착할 때까지 운다.

그 후 딸래미는 하숙집 아주머니 말씀대로 일주일이 지나니까 평정을 찾고 적응을 잘했다. 만 1년은 토요일이면 어김없이 내려와 월요일에 남편은 전주로 등교 시켜주고 출근.

3년간 교통비도 만만치가 않았네.

하숙집에 보낸 택배

딸래미 고딩 때 하숙집에
부각을 만들어 택배로 보냈는데

APT 앞집 호수로 잘 못 적어 보냈다면
이름과 번호가 있으니 택배가 잘못 왔다며
물건을 전해 주기도 하는데

뻔히 알면서도 앞집 나이 드신 하숙집 아주머니
혼자 사는 분이라고 무시를 한다며
부각을 받아 반을 먹어 버렸다고

하숙집 아주머니가 나한테 전화해
앞집 아줌마가 평소에도 그런 일이
한두 번이 아니라며 억울해하며
본인이 말하면 씨알도 안먹힌다고
전화번호를 주면서 혼 좀 내주라고 한다

전화를 해 아주머니 택배가 잘못 갔으면
바로 앞집이니까 좀 전해주시지
남의 것을 왜 먹었냐고 하니까
애들이 먹었다고만 하고 대책이 없었다

그럼 어떻게 할거냐고 하니까
남은 걸 갖다 준다고한다
그럼 다 먹고 돈을 달라고 하니까
얼마냐고 해서 4만원을 달라고 했다
아니 왜 그렇게 비싸요
택배비까지 그런다고 하니까
돈을 못 준다고 한다

경우가 없는 사람이라고 혼을 내주고
오늘까지 돈을 안 보내면
내일 돈을 받으로 갈테니
내가 영업을 하는 사람이니까

하루 영업비까지 다 물어 달라고 했더니
바로 돈을 보내왔다

하숙집 아주머니는 대신 해결해 준 나한테
고마워하시며 좋아 한다
다시 부각을 만들어 바른 주소로 보내드렸음

딸래미 남친 있냐

고딩 딸래미 남친 있냐?
아니 없지
엄마가 생각할 때는
다른 애들은 남친 생기면
성적도 떨어지고 품행도 나빠질텐데
우리 딸래미는 남친 생기면 원원해서
성적도 더 오를 것 같은데
마음에 드는 남자 친구 있으면 사귀고 그래라
응

나는 진짜 남친 생기면
공부를 더 잘할 것 같다고
그런데 엄마 마음에 드는 애가 하나 있긴 한데
내가 친한 친구가 그 애를 좋아해
미안해서 안 된다고 한다

그래 그 남자애도 너의 친구를 좋아해?

아니 그럼 서로 좋아하는 것도 아닌데
왜 그래 네가 대시를 해
야 삼천궁녀가 고개만 숙이고 있다가
언제 임금님 지나갈 때 눈에 띄냐
선택에 여지는 그 애한테 있는 거니까
너의 친구 열 명이 그 애를 좋아해도
결국 누구를 선택할지는 그 애한테 달렸어

낄낄낄 깔깔깔
우리 엄마 진짜 웃긴다고
다른 애들 엄마는 남자 친구 사귀면
죽인다고 한다는데
나는 진짜 엄마랑 말이 잘 통한 것 같다고

윤희 그 애한테 어떻게 대시를 하냐면
어느날 전주에서 같은 고향 집에 갈려고
버스를 탔는데 재수좋게 같은 버스를 탄거야

얼마나 좋은 기회야 옆으로 가서

00아 지난번 학력고사는 잘 봤어로 시작
전주에서 만나면 밥 한번 먹자 하고
그러다 보면 지속이 되는 거야 하고

한밤중 실컷 연예 강연을 해놨더니 윤희 왈
근데 엄마나 그 00 친구한테 미안해서 못 하겠어
한다 아이구 땡칠이 사랑도 양보하는 정윤희

그러다 시집이나 가겠냐

딸래미의 미국 유학길

새벽 일찍 인천 공항으로 가는
리무진 버스를 타려고 전주로 간다

플로리다로 유학을 가는 딸래미
세계 인종이 다 모여 사는 미국
넓은 나라에서 많은 지식과 견문을 넓히고
장래 살아가는데 많은 도움이 되길 바란다

낯선 타국에서 적응하며
생활해야 하는 것이 부담이었는지
눈가에 이슬이 맺혀

집을 나선 딸래미
공항 가 함께 유학 가는 친구들을 만나면
한결 밝아질 것이다

건강히 잘 다녀 오시게 딸래미

미래의 아들에게

미래에 다가올 또 한 명의 우리 아들
지금쯤 멋진 아들로
지덕체 온전한 인격을 갖춘 아들로
키워주신 미래의 사돈께 드리려고
침대 매트를 뜨고 있다

지금 그 청년은 어디에서 살고 있을까
머지않아 윤희 앞에 운명처럼 나타날 것이다
그 아들이 하나님을 섬기는 아들이었으면 좋겠다
그래야 믿음이 약한 윤희를 이끌어 줄테니까

미래에 아들을 만나는 날 이야기 하려고 한다
누구나 귀하게 키웠겠지만 윤희는 다르다고
서로 사랑하고 다툼 없이 존중하고
격려를 아끼지 말고 살라고

너는 오늘부터 내 아들이니 OO아라 부른다

2011년 7월 5일

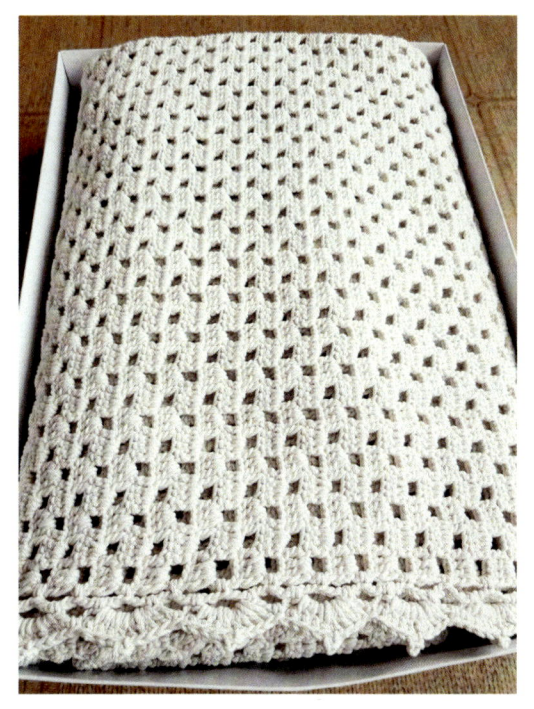

웰 컴 딸래미

어서 오시게 사랑하는 딸래미

열다섯 살 어린 나이에 부모 슬하 떠나
14년 동안 객지에서
외로울 때 괴로울 때도 많았을 텐데

잘 이겨내고 직장이라는 좋은 선물 안고
고향으로 돌아오는 발걸음이
가벼웠을 거라 생각

어린 나이에 집 떠나 먼 길 돌아오는 딸래미
반갑고 기쁘기 한량없구나

앞으로 믿음직한 경찰관으로서
정직하게 근무하고
국민께 신임받는 경찰로
거듭나길 바라네

연수 교육 수료

6개월의 교육을 마치고
지구대 시보 발령을 받았다
그동안 힘든 교육과 훈련을 통해
처음에는 엉성하던 교육생들이 이제는
제법 경찰관의 모습이 보인다

어려운 관문을 뚫고 들어간 직장
방대한 조직의 일원으로서
긍지와 자부심을 가지고
음으로나 양으로 치우치지 말고
정도를 걷는 지혜로운
멋진 여경이 되길 바란다

앞으로 직장 생활을 하다 보면
어려운 일도 많겠지만 의연한 자세로 대처하고
거대한 조직에 피해 주지 말며
도움 되는 사람이 되길 바란다

지구대 발령

예쁘다는 말 많이 듣고 자란 뽄내미 윤희는
남원 장 날 스티커 끊으로 나와서
예쁜 여경한테 스티커 끊고 화난
젊은 운전자는 인물값 좀 하라며
화풀이를 하고 있는데

저기 헬멧 미착용 오토바이 타고 오시는
가냘픈 할아버지, 주민등록증 가지고
"지구대로 오세요" 했는데
일을 마치고 들어가 보니

오마갓, 착실하게 먼저 와 계신다

어느 날 딸래미 퇴근해서
엄마나 오늘 큰일 날뻔했다며
얼마나 떨었는지 모른다고
왜 그랬는데

어르신이 어제부터 연락이 안 된다고
신고받고 출동 무척 긴장하며
어르신 댁으로 갔는데
아무일 없이 잘 계셨으니 다행이지
문을 딱 열었을 때 돌아가셨음
어쩔뻔했냐고

에라이 나와라, 내가 할 게

지구대장님 우리 미용실에
머리 깎으러 오셔서 하시는 말씀
출동 현장에 나가 현행범 체포
수갑 채우는 걸 보고
어찌나 당차던지 놀랐다고 하신다

으음 딸래미 그런 면이

아, 네가 경찰이지

사람은 언제나 거짓 없이
정직하고 올바르게 살아야 한다고
딸 아들에게 이야기 한다

세계에서도 손꼽히는
치안을 인정받는 대한민국에서는
나쁜 짓 할 생각을 말아야 한다고
우리나라 모든 사람은 독 안에 든 쥐라고

우리집에서 서울 한 번 다녀오면
선명한 CCTV에 수도 없이 찍혀
나쁜 짓하면 시간이 좀 걸릴 뿐이지
다 잡힌다고 참교육을 열심

엄마
딸이 경찰인데 그런 말씀을 하시오

아, 쏘리
네가 경찰이지 전문가를 앞에 두고
문자를 쓰다니 깜빡 했네

사랑하는 딸 시집 가는 날

사랑하는 딸 윤희야
항상 어린 줄만 알았던 네가
벌써 시집갈 때가 되어
부모 형제 함께 하던 둥지를
떠날 때가 되었구나

하나님께서 우리 가정에 보내주신
보석 같은 딸 윤희는
말로 다 형용할 수 없는 기쁨과 행복을
우리에게 주었던 예쁘고 착한 딸

부모와 함께한 시간은 얼마 아닌데
시집을 간다 해도
실감하지 못하고 지내던 어느날

찬바람이 내 어깨를 스칠 때
문득 돌아오는 명절에는
윤희가 우리와 함께하지 않는다는 사실이

깜짝 놀랄 만큼 충격으로 다가 왔단다

부모의 힘겨웠던 시절
묵묵히 각자 본분에 충실하며
마음을 함께해 줄 때
나에게 큰 힘이 되어준
윤희와 해영이

지난 시간을 회상하니
고맙고 감사한 마음을 전하며
이제 사랑하는 딸 윤희가 시집을 간다니
서운한 마음 금할 길 없지만

부모보다 더 좋은 사람을 만나
또 하나의 아름다운 가정을 이루고
새로운 삶을 시작하는구나

윤희야
어릴 때처럼 부모가 좋으면
어떻게 시집을 갈 수 있겠니

돌이켜 보면 엄마 역시도
사랑하는 사람이 더 좋아
부모 형제 곁을 떠날 수 있었단다

사랑 듬뿍 받고 자란 현수는
사랑 나눌 줄 아는 사람이기에
기쁜 마음으로 사랑하는 딸 윤희를
현수에게 보낸다

사랑하는 아들 현수야 그리고 윤희
부부가 되어 일생 살다 보면
다툴 때도 있겠지

부부 싸움이란 칼로 물 베기라지만
싸우고 나면 안 싸운 것만 못하니
그럴 땐 너희 둘
처음 만나 사랑을 나누었던
아름다운 추억을 떠올리며

서로 존중하고 아끼며 이해하고
사랑하며 살기에도
모자란 시간을 금으로 여기고
행복한 결혼 생활을 완수하길
인생 선배로서 조언한다

두 사람 둥지에 주님의 은혜 가운데
아들딸 많이 낳고 부모님께 효도하고
온 가족 건강 백수를 누리는 삶으로
인도해 주시길
주님께 기도드립니다

태중에 보낸 편지

건담이 외할아버지 할머니는
밤마다 교회 나가
사랑하는 나의 첫 손녀
건담이를 위해 기도한단다
눈에 넣어도 아프지 않을 우리 건담이는
착해서 직장 생활하는 엄마를 위해
흔히들 하는 입덧 한 번 하지 않고
일찍부터 효도 하는
넘 예쁘고 착한 우리 강아지
첫 손녀 건담이는 아직은 미약하지만
힘을 내기 바라네
건담아 옛날에 해영이 삼촌
초등 1학년 때 했던 말이 기억 난다
삼촌이 엄마 뱃속에서 많은 씨앗을 물리치고
이 세상에 나오느라 힘들었다고
건담아 사람은 뱃속부터
경쟁하며 태어나는 거니까
네 이름처럼 건강하고 담대하여라

힘들겠지만 파이팅하고
4개월 후 예쁜 건담이를 만나면
건담이가 좋아하는 것 다 사주고
건담이가 사랑하는 할머니가 되도록 노력할 게
사랑의 하나님 우리 건담이를 위해 기도합니다
아버지만을 섬기는 현수와 윤희 가정에
보내주신 보석 아버지 보시기에
아름답고 건강하고 지혜롭고 명철하고
예쁜 건담이가 되도록
은총 내려주실 것을 굳게 믿습니다.
아멘
(산모 당뇨로 맘고생)

시야가 넓은 집

요즘은 APT 밀집 지대에 살다 보면
커가는 아이들의 시야가 좁아져 걱정이다
대한민국 기둥으로 자라야 할 어린이들이
콘크리트 벽을 마주하고 새장에 새처럼 살고 있다

창이 확 트인 산과 드넓은 바다를 보고 자란 사람은
마음도 넓고 성격도 호탕하며 생각하는 비전이 다르다

이 나라 대통령을 보아라

박정희 대통령은 구미시 상모동 높은 지대에
아침 해가 눈부시게 뜨는 시내가 한눈에 들어오고
앞에 보이는 산기슭 정기를 받음

김영삼 대통령은
거제시 장목면 집 마당에서
거제 앞바다가 한눈에 확 들어오는

시야가 넓은 집

김대중 대통령은
신안군 하의면 사면이 논과 바다
넓은 바다만큼 큰 사람이 되었다

콘크리트 벽을 보고 자란 아이들은
벽이 시야를 가려 더 이상은 생략
산과 들 바다를 뛰어놀며 자란 아이는
포용력과 이해심도 많아 좋다

벽과 벽 사이를 두고 사는 부모들은
자주 도시를 탈출
높은 산과 들 바다 여행을 많이 하고
그래서 APT를 고를 때 전망 좋은 집을 선호하고
어른도 환경에 침해받아
많은 나이에도 성격이 변하는 것 같다

스키니 바지

나는 스키니 바지를 좋아한다
변함 없이 좋아했던 스키니 바지
나이 들어 못 입게 될까 봐 걱정이다
남편은 바지를 좀 늘려서 입으라고 성화다

내가 좋아하는 스키니 바지를
애들 어릴 때 한결같이 입혀 주었다
애들은 일찍부터 멋을 알았는지
스키니를 입혀 학교에 보내면
엄마가 싫어할까 말도 못하고
울고 학교에 갔다고 한다

참 미안한 일이다
애들의 취향을 무시하고 내 멋에 꽂혀

언젠가 앨범에 오래된 사진을 넘기며 예쁘잖아
지금 보니까 예쁘고 세련돼 보이고 좋은데

그때는 왜 그랬는지 모르겠단다

나는 오래전 일을 반성한다
손자들한테는 그러지 말아야지
사랑받는 할머니가 되는 법을 열공 중

준비는 다 됐다
어서 오너라

생일

사위가 전화, 어머님 내일 생신이신데
함께 하지 못해 죄송하다며
주말에 뵙자고 한다

어이 정서방
생일 좀 못 챙긴다고 뭐 그리 죄송한가
아무렇지 않으니 걱정 말라고
생일이란 게 평생 한 번이라면 몰라도
올해 못 챙기면 내년도 있고
내후년에도 돌아오는 것이 생일인데
죄송해 하지 말게
그런데 혹 내가 자네 생일을
잊을 수도 있으니 서운해 하지 말게

예 어머님

자네 생일은 5월 5일이니까

어린이날 손자들 챙기다 기억할 수 있겠네

얼마나 바쁘게 살았으면
가족 생일도 맨날 잊고 기일도 아닌데
떡을 해 놓을 때도 있었으니
정서방 내가 살아오면서 한가지 안 잊고
기억하는 게 있다고
뭔데요 어머님
예약 손님은 안 잊는다고 하니까
아예

주말이면 신부 10명씩 예약
시간 약속에 트라우마가 생겨
한가한 요즘도 아침 8시에 예약을 해도
한숨도 못 자고 출근 한다
언제부터인지 자식들을 통해
가족 생일을 미리 알게 되어 좋다

어린이집 첫 날
교회의 미끄럼틀
애기의 장난감
마사지 실의 마네킹
유치원 폭력
간식 지키는 동생
담양 군수차
작은 APT
산교육
전교 부회장 정해영
상처 난 얼굴
결혼 상대를 만날 때
용돈과 자유
부풀려진 매상 장부
아들의 알바
군 교육은 돈 주고도 못 받는다
계룡대 임관식
상무대 입소 앞두고 덜덜
상무대 입소
하계 훈련 중 아들의 편지
동계 훈련
나이키 패딩
명품 시계
미래의 딸에게
수많은 별 중에 예쁜 별
장가가는 아들에게
명심 세 가지
손자가 그리운 나
나의 사랑하는 손주 연준에게

3부

장가가는 아들에게

어린이집 첫 날

원복 입고 가방 메고 용감하게
어린이집 가는 4살 귀욤둥이
밖에 나가 어린이집 차를 기다리다가
심각한 얼굴로 다시 들어와

엄마 내가 어린이 집을 못가겠어 한다 왜?
내가 아는 것이 하나도 없거든

해영아 걱정 마 다른 애들도 아는 것이 없어서
어린이집에 배우로 가는 거야 그랬더니

다시 용기 내어 첫 등교를 한 귀욤둥이

교회의 미끄럼틀

우리 애기 네 살 때 어린이집에서
행사가 있어 한복을 입고 등교
행사가 끝난 뒤 애기는
놀이터에서 혼자 놀게 하고
나는 교회 전도회의가 있어
교실로 들어갔는데

내 귓가에 어린 애기의 애절한 목소리가 들린다
사하람살려~려 사하람살~려~
애기의 떨리는 목소리가
엄마의 촉으로 비호같이 뛰어가 보니

미끄럼틀에서 내려오다
미끄럼틀 꼭대기에 한복 소매 끝이 걸려
대롱대롱 아주 위급한 상황에서
큰소리에 흔들려 떨어질 것 같아
떨리는 목소리로 구조를 요청하고 있었다

빨리 올라 가다보면 흔들림에 애기가 떨어질까 봐
맘은 급하지만 지혜를 모아 차분히

우리 애기도 위험하다는 걸 알고
협조를 잘 해주어 안전하게 내려올 수 있었다

소식을 듣고 나오신
장로님과 권 집사님들께서는
쪼끄만한 게 그렇게 위험한 상황에서
울거나 당황하지 않고
저도 사람이라고 사람 살려했냐며

그날부터 교회에서
오동통한 귀욤 둥이를 만나면
사람 살려 왔냐며
무척 귀여워 해주셨다

애기의 장난감

애기가 어린이 집에서
돌아올 시간이 되면
손님 애기들이 가지고 놀았던 장난감을
잘 정리해 두어야 한다

어린이집에 가 있는 동안 손님 애기들이
장난감을 가지고 놀았다는 걸 알면
왜 만지게 했냐고 울었다

그 마음을 알고 난 뒤로는 마음 편하게
해주려고 거짓말을 했다
어린이집을 마치고 차에서
내려 뛰어 들어 오면서

엄마, 오늘 애들 손님 왔대 안 왔대
으응 오늘은 한 명도 안왔다야
그러면 잘했구만하면서 좋아 한다

어쩌다 손님 애기가 장난감을 갖고 놀다
걸리면 텃세가 대단했다

그리고 다음날 어린이집에 가면서
엄마 장난감 좀 잘 지키라고 당부하면
응 잘 지킬테니 걱정말고 다녀 오라고
하면 기분 좋아하며 어린이집에 간다

마사지 실의 마네킹

입술이 빨간 긴 머리의 마네킹
엄마 따라온 어린 애들이 마네킹만 보면
무섭다고 울어서 마사지 실 침대 밑에 넣어 놓았다

해영이는 제 또래 애들만 오면 놀려주고 싶어서
침대 밑에 넣어둔 마네킹을 불꺼 놓은
음침한 마사지 실에서 제 얼굴에 세우고 나오면
방심하고 놀고 있던 애들이 화들짝 놀라 기겁을 한다
해영이를 혼내주고 치우라고 하면
좋아라 웃으면서 마사지 실로 가져가곤 한다

놀리는 것에 재미를 붙여 회수가 늘어
애들만 오면 살며시 마사지 실로 들어가
마네킹을 제 얼굴에 세우고 나와
애들을 울리는 바람에 방심하고 일을 하고 있던 나도
황당할 때가 많아 어쩔 수 없이
미용학원에 다니는 학생에게 주어버렸다

그 아이를 달래 울음을 그치고 나면
그 아이 엄마는 해영아 나도 놀랬다야

지금 생각해도 어릴 적
해영이의 표정이 생각나

웃음이 난다, 무척 귀여웠어ㅋ

유치원 폭력

우리 애기 어린이집 다닐 때 어린이집 근처에
볼일이 있어서 우리 애기가 어떻게 놀고 있을까
노는 모습이 보고 싶어
살며시 아무도 몰래 애기가 잘 놀고 있나
보고만 갈려고 문틈 사이로 교실을 내다보니까

여러 애들이 줄을 서서 미끄럼틀에 올라가고 있는데
선생님이 유독 우리 애기만
회초리로 장단지를 때리고 서있다
매를 멈추게 하려고 우리 애기가 뭘 잘못 했나봐요
하고 들어 갔다

속이 상했지만 웃으면서
집으로 돌아왔는데 종일 화가 났다
그 후 오랜 시간이 흐른 후
교회에 볼일이 있어서 갔는데
어린이 교실 복도에서 두 명의 애기가 무릎 꿇고

손 들고 벌을 서고 있는데 문을 열어놓은 상태에서
교실 안에 애들은 간식을 먹고 있었다

순간 화가 나서
선생님 우리 애기가 뭘 잘못 했는지는 몰라도
교육방식이 이건 아니지 않느냐고 하니까
변명을 늘어 놓는다
친구들 보는 앞에서 간식을 주고 벌을 세우다니
체벌 방식이 틀렸지 않았냐고
예기를 하니까 좀 민망해 한다

나는 원장님을 찾아가 내용을 말씀 드렸더니
깜짝 놀라시며 선생님을 불러 그건 아주 잘못한 거라며
애기들한테 먹는 것으로 고문하면
안 된다고 사과를 받고 돌아왔다
그 선생님을 가끔 보는데
그때가 생각나 아주 꼴보기가 싫다

간식 지키는 동생

동생을 데리고 빵 한 박스와 음료를 가지고
누나가 가을 운동회 연습을 하고 있는
학교 운동장으로 갔다

빵과 음료를 그늘진 쉼터 의자에 두고
나는 여기저기 왔다 갔다 하는데
동생은 빵 박스 옆에 꼭 붙어
움직이질 않았다

누나가 연습하는데 한번
가보자고 해도 고개를 저었다
그때 주위에 많은 애들이 놀고 있었다
왜 그렇게 빵 상자 옆에만 있을까
하고 물어 보았다

애들이 빵을 가져 갈까 봐
옆에 앉아 있느냐고 하니까

그렇다고 한다

엄마보다 속 깊은 어린 아들
나이나 많으면 그럴 만도 한데
누나 1학년 7세, 동생 5세

어린 동생이 어쩜 그런 속 깊은 생각을

담양 군수차

아들 초등학교 1학년,
온 가족이 차를 타고 전주에서
신호 대기 중

아들이 갑자기

담양군수도 우리 이숙이랑
같은 차를 타고 다니는구나

아니 우리도 모르는 담양군수를
어떻게 아는 걸까 깜짝 놀라

해영아, 네가 어떻게 담양군수를 아니

앞에 쓰여 있잖아, 임시번호판

작은 APT

퇴근해서 집에 오는데 APT 마당에서
친구들과 자전거를 타고 놀던 일곱 살 아들은
엄마를 보고 다가와

엄마 이리와 봐
왜
우리 이 APT에서 다른 데로 빨리 이사 가야 해
왜
저 애들이 그러는데 이 APT에는 가난한 사람들이 산데

일곱살 어린 애들이 요즘은 놀면서 저런 평가도 하다니
일곱살 아들이 그런 말을 하는데
얼마나 기죽을까 싶어 집으로 와서 애기를 했다
저기 보이는 금호 APT가 곧 완공되면 이사를 가자고
13평 APT 분양받아 전세 주고 좁은 집에 살다가
아들 덕분에 넓은 집으로 이사를 했다

산교육

97년 4월 29일
남원 장날 전북 1호 E마트 오픈

주인이 나와 있는 소형 슈퍼를
이용하던 어린 아들이 대형 E마트에
산처럼 진열된 상품 아래
아무도 보는 사람 없다고 생각
혹 물건을 훔치면 어쩌나 걱정이 앞선다

며칠 후 나는 8살 어린 아들 손을 잡고
E마트 지하 매장으로 가서
여기저기 설명을 해주고
주인이 없으니 물건을 가져가도 모르겠지?
응
그런데 누가 물건을 훔쳐 가는지 금방 알 수 있다고

1층 사무실로 데리고 가 벽에 붙어있는

수많은 모니터를 가리키며
저렇게 직원들이 관찰하고 있다가
물건을 훔치는 사람이 포착되면
직원이 뛰어와 경찰에 신고하면 도둑이 된다고
현장 교육을 해주니 자알 알았다고

고개를 끄덕이는 아들의 모습을 보고 있던
직원들은 미소 지으며 쳐다본다

전교 부회장 정해영

해영이가 6학년 전교회장 선거에 나가
8표 차로 석패

그도 그럴 것이
남자 8명 여자 1명 표가 분산
여자 1명이 당선 해영이는 부회장에 당선

동생들한테 선거 운동도 잘해 인기가 좋아
전교 회장이 될 줄 알았는데
다섯 표만 더 받았으면
당선되는 건데 너무 아까웠다

아빠가 피켓도 만들어주고
명함도 해주고 연설도 잘했는데
회장에 떨어지고 얼마나 속상했는지
어두워질 때까지 집에 오질 않아
걱정이 되어 찾아 나섰다

있을 만한 곳도 없는데
어딜 가서 안 오는 걸까
나중에 찾은 곳은 학교
건물 뒤에서 가방을 메고
박힌 돌을 발로 탁탁 차며 혼자 있었다

해영아 너는 아주 잘 한거야
부회장도 좋은 거라고 달래며
집으로 데리고 왔다
해영이는 누나도 전교 회장을 했으니
자신도 회장이 되어 엄마 아빠께
의젓한 아들이 되고 싶었나 보다

꼭 될 줄 알았다가 그런 결과에
아쉬움을 털지 못하고 무척 안쓰러웠다
오랜 시간이 지난 뒤 물어 보았다
그때 마음이 어떠했길래 그랬냐고
상실감이 무척 컸다고 한다

상처 난 얼굴

친구들과 농구를 하다가
친구 손이 얼굴을 스치는 바람에
살짝 긁혀 상처가 나자
급히 집으로 온 아들은

얼굴을 보니
흉터는 남지 않을 것 같아
안심이 되었다

연고를 바르고 거울 앞에 앉아
걱정을 하고 있다가 하는 말
아들이 얼굴을 다쳐서 왔으면
빨리 병원으로 데리고 가보던가 해야지
그냥 보고만 있다고 투덜대는 모습이
너무 웃겼다

아, 괜찮아 연고 바르면 된다고 해도
근심어린 모습으로 오후 내내

거울 앞에서 얼굴만 보고 앉아있다
나는 어린 시절 기억에 없는
얼굴 손톱자국 때문에
평생 스트레스 받고 살아오면서
너 얼굴이 왜 그러니 하면 그 사람 앞에
다시는 나타나질 못했다

얼굴에 손톱자국만 없었으면
인생이 달라졌을 것이다
그런 상처 때문에 항상 애들 키우면서
얼굴에 소중함을 깊이 심어놓아
어린애가 더욱 놀라
종일 걱정 하고 있다 ㅋㅋ

결혼 상대를 만날 때

아들 중2 때 엄마가 해 준 말

결혼 상대를 택할 때 세 가지를 피할 것
하나 OOO을 피하고
하나 OOO을 피하고
하나 OOO을 피해서

결혼 상대를 만나야 한다니까
아들 그러다 장가도 못 가겠다고 한다
좋은 말 새겨들으랬더니
어찌나 귀엽던지

아들, 세 가지 피한다고 장가 못 가냐

세 가지 중 한 가지는 곱슬머리

오랜 미용실 경험으로

곱슬머리 애들과 엄마의 스트레스가

너무 많다는 걸 알고 깜놀

용돈과 자유

아들 고딩 때 용돈 3만 원을 주면
다음 달력을 넘겨도 그 자리 그대로 있다
아들 왜 용돈을 안 쓰느냐고 하면
쓸 일이 없다고 한다

대학 다닐 때 딸 아들한테서
돈을 보내달라고 전화가 오면
나의 신조는 한 시간을 넘기지 말자인데

10만 원을 보내 달라고 하면
15만 원을 보내 주고
어디에 쓸 거냐고 물어본 적도 없다
객지에서 돈 떨어지면
나쁜 유혹에 빠질까 봐
항상 넉넉하게 보내 준다

나는 딸 아들 성인이 될 때까지

책 한 권 읽고 공부해라
말 한마디 해본 적 없고
잠은 푹 자라고 깨워본 적도 없다

어느 부모들은 자녀와 장거리 운행 중
책을 차에 싣고 다니면서 책을 읽으라고 한다
차멀미 나서 어떻게 책을 읽으라고
차창 밖을 내다보며
많은 사물을 읽는 게 더 큰 공부련만

부풀려진 매상 장부

아들 해영이는 매일 밤 학교에서 돌아오면
미용실 서랍 속에 있는
매상장부를 꺼내보고
오늘은 엄마가 돈을 많이 벌었나
확인하던 어느날
농번기가 시작되어 한가하던 때
장부를 보고 고민하며
객지에서 공부하는 누나에게 전화를 해
이야기를 전했다고 한다

요즘 엄마가 돈을 통 못 번다고
그걸 네가 어떻게 아느냐고 하니까
장부를 보면 안다라는 예기를 듣고
속 깊은 아들이 얼마나 상심 했을까
싶어 마음이 짠 했다

그 이야기를 듣고 난 뒤로는

매상장부를 부풀려 써 놓았더니
누나한테 전화를 해
요즘은 엄마가 돈을 잘 번다고
좋아하더란 말을 듣고 이렇게라도
우리 아들 기를 살려줄 수 있어서 좋았다

어느 날 학교에서 돌아와
매상장부 보는 게 뭐가 그리 급하다고
자전거나 가게에 들여놓고
천천히 볼 것이지
장부 먼저 보고 나가보니

그새 어떤 놈이 자전거를 타고 가길래
그 자전거 내 건데 하니까
그래요 하면서 주고 가더란다

뻥 친 매상 장부 보다가
자전거 도둑맞을 뻔했네 ㅋㅋㅋ 나쁜 놈

아들의 알바

아들이 수능 후 잠시 쉬는 기간
운전면허도 따고 시간이 많으니
돈을 벌고 싶어한다

교차로 신문을 뒤져
엄마 식당 알바를 구하는데 갈까 NO
다음날 엄마 노래방에서
알바를 구하는데 갈까 NO
그 다음 날 또 엄마 건설 현장에서
알바를 구하는데 갈까 OK

삶의 터전에서 땀 흘리며 체험해 보길
그런데 저녁에 전화가 왔다
내일 눈이 많이 온다고 취소가 됐다고ㅋㅋㅋ
그러던 중 알바를 하고 싶어 하는 걸
친구가 알고 아빠한테 말해
친구 아빠 돌산에 알바를 가는데

10만원을 준다고 좋아하는 아들한테
아들이 가서 도와드릴 일이 있기나 할지 모르겠는데
친구 아빤데 당연히 도와 드려야지

그것 조금 도와드리고 돈 받아 오면 쌍놈 된다고
친구랑 재미있게 일 잘하고 오라고 보냈는데

친구 아빠는 점심 때 용봉탕으로
몸보신 시켜주시고 일을 마치고
올 때 주시는 알바비는 정중하게 사양
점심도 잘 먹고 친구랑 재미있었다고 하니까

그래 그럼 알바비는 됐고
친구 아빠가 용돈 한 번 주신다면서
거금 20십만 원을 받아와서

봉투째 엄마한테 상납하는 아들

군 교육은 돈 주고도 못 받는다

바른 인성으로 거듭날 군대훈련
온실 속 화초처럼 살아온 아들들을
누가 언제 어디서 어떻게 교육시켜야
이렇듯 반듯하고 멋진 청년으로
거듭나게 할 것인가
젊은 피가 극히 정상이어야 군대 갈 수 있고
어느 학교 어느 직장에서도
그런 교육을 받을 수 있을까
자유롭던 영혼들이 국가의 부름 받아
체계적인 훈련에 따라야 하는 것이
군 교육이기 때문에
그 고개를 넘으면 진짜 사나이가 된다

군 생활은 예상하지 못한 어려움도 있겠지만
올바른 인성을 양성하는 교육은
어디에서도 받을 수 없다
군대를 갔다 오면 각 잡힌 청년은

걸음과 말투부터 다르다
우리 아들이 근심 어린 얼굴로
20K 군장 메고 대한민국 장교로
거듭나기 위해 상무대로 가던 날
나는 내심 흐뭇한 미소로
아들 아무 걱정 말고 상남자가 되어 돌아오시게

군대는 사람이 할 수 있는 만큼 훈련하고
불가능한 것을 할 수 있게 교육하며
빈틈없는 각본에 잘 짜인 시스템
고된 훈련으로 단련되면
훗날 사회에 나와 어려움에 직면할 때도
그 지혜 지름길 삼아 잘 살아갈 수 있다고
부모님들께서는 안전과 덕담
귀하디 귀한 아들이 군 생활을 잘 마치고
건강하게 전역 돌아오는 날
뜨거운 포옹으로 아들과 만난다

계룡대 임관식

계룡대에서 소위 계급장을 달고
대한민국 육군 소위로 임무가 시작되었다

계룡대 입구에서부터
임관식 분위기가 한껏, 실감이 난다
하나같이 멋진 포스로 장관이다

언제 또 우리가 이 자리에
초대 받아 올 수 있을까
열심히 해준 우리 아들에게
고마움을 전한다

2012년 2번째 합동 임관식
더욱 성대했다

대한민국 장교가 되기 위해
그동안 땀 흘리며 얼마나 고생했는지

오늘 모습에서 나타난다

이명박 대통령 앞에서 거수 경례하고
소위 계급장을 달았다

5천8백 명의 장교들이 많은 사람의 축복 속에
한 사람도 낙오 없이 승승장구하길
주님께 기도드립니다

2012년 2월 28일

상무대 입소 앞두고 덜덜

특전사 보직 명받고
계룡대에서 장교 소위 임관식을 마치고
입대하기 전 시간 여유가 있어
친구와 한 달 전국 여행을 떠난다던 아들은

일주일 만에 돌아와
특전사로 가는 것에 부담을 느껴
특전사는 어떤 곳인지
빨리 부딪혀 보고 싶다고
하루라도 빨리 부대로 가고 싶다고 한다

해영아 그렇게 마음이 심란하냐 물으니
엄마 특전사 대원들은 산을 날아다니는데
내가 어떻게 따라갈 수 있겠냐고
소대장이 돼 잘못하면 조롱당한다고
보통 걱정을 하는 게 아니었다
아들이 많이 안쓰러웠다

어느덧 한 달이 지나고
상무대로 입소 삼일이 지나
날아갈 듯한 밝은 목소리로 전화가 왔다

엄마 대에~
워이 아들~
특전사도 할 만하겠구만

어찌 그려~
응~ 나보다 비실비실한 애들도 많아
그래 이제 자신감이 생겼구만

엄마 걱정 마아~ 하고 끊는다
나도 한시름 놓는다

상무대 입소

검은 베레모에
멋지게 군복 차려입고
20K 군장 메고 장성으로 향했다
베레모가 잘 어울리는 우리 아들

장성 쯤 상무대로 향하는 승용차 옆자리에
우리 아들처럼 멋지게 차려입은 장교가 타고 있다
상무대에 도착하니 반갑다 어서 오라고 일사정렬
군 음악대가 나와 팡파르를 울리고
전국에서 모여든 신입 장교들이 속속 도착했다

반듯하고 잘생긴 아들들
하나같이 귀하고 귀한 아들들이다
나는 아들 친구들 주려고
우유와 샌드위치 한 박스 준비해 갔는데
권하는 친구마다 생각이 없다며
고개를 흔들어 그냥 집으로 가져 왔다

다들 처음 가보는 상무대 문턱에서

두려운 건 마찬가지 입맛이 있겠나
앞으로 고된 훈련을 받을 걸 생각하면
마음이 짠하다

아들이 절차를 마치고
군용버스를 타고 부대 안으로 들어간 후
남편은 감정을 꾹 참고 눈시울을 적시며
집으로 돌아오는 길에 큰 소리로 울기 시작한다

남편을 달래주며
남자는 군대를 갔다 와야
진짜 사나이가 되고
사회 나와서도 성공한다고
잘 다녀오도록 기도 많이 하자고 해도
집에 다 올 때까지 울게 생겨

아들 군대 보내고 우는 거 아니란다고 하니까 뚝

2012년 3월 4일

하계 훈련 중 아들의 편지

훈련 간 아들의 편지가 마음을 울린다.

부모님께 올립니다.

장마가 한풀 기세를 접고 무더위가 슬슬 기승을 부리는 계절이 찾아오고 있습니다. 열대야 속에 잠은 잘 주무시고 계신가요. 저는 아주 잘 지내고 있습니다.

처음 훈련 며칠은 장맛비 속에 치르느라 눅눅함과의 싸움이었지만 이제부터는 더위와의 싸움이 되고 있습니다. 그러나 괜찮습니다. 옆에 훌륭한 동기들이 있고 마지막 훈련이니만큼 강하고 멋진 육군 소대장이 되기 위해 그리고 집에서 저를 위해 걱정하고 기도해주실 부모님을 생각하며 열심히 하겠습니다.

어제 체력 측정을 하였습니다. 210명 가량의 동기들과 오래달리기 측정을 했는데 열심히 달린 결과 7등으로 결승점을 통과하였습니다. 그만큼 건강한 신체를 주신 부모님께 새삼 감사함을 느꼈습니다. 이렇게 건강한 아들은 걱정하지 마시고 계십시오.

내일은 일요일 여기에서도 종교행사는 지속되고 있습니다. 기독 행사에 참석해서 훈련 건강히 잘 마치게 해달라고 기도했습니다. 아참, 오늘 기록사격을 하였습니다. 다행히도 20발 중 14발을 명중시켜 1차 1등 사수로 합격하였습니다. 이번 입영 성적도 나쁘진 않을 것 같습니다. 이번에 열심히 해서 원하는 병과에 갈 수 있도록 하겠습니다.

이곳에 온 지도 벌써 일주일이 지났습니다. 저는 잘 적응하고 있고 잘하고 있으니 걱정하지 마시고 계시기 바랍니다. 사랑합니다. 부모님 이만 줄이겠습니다.

2011년 7월 2일 아들 올림

오늘도 다시 새기는 아들의 편지.

동계 훈련

우리 아들은 대한민국 특전사 특급전사다
지금은 평창 산골짜기에서 동계 훈련 중이다

떠나던 날부터 강추위가 몰려와
27년 만의 강추위라고 한다
산에서 텐트와 침낭 하나에 의지하고
잠을 자는 아들이 걱정되지만
지낼만하다고 한다

아들은 한 번도 RT 훈련 때부터 지금까지
훈련이 힘들다고 말해본 적이 없다
자기관리 철저하고 부지런한 아들은
사회생활도 잘 해나갈 것이다

2013년 1월 늦은 밤

나이키 패딩

군대 가 있는 아들이 엄마 아빠 누나에게
옷을 사 보낸다고 전화가 왔다
혹 맘에 들지 않으면 어쩌나 걱정이 된다

아빠는 사 보내지 말라고 하는데
나는 기쁜 마음으로
선물해 주려는 아들 마음을
실망 시키지 않으려고 감사히 받는다

선물하는 기쁨이 얼마나 행복한 일인가
선물한 옷을 받고 보니 마음에 쏙 들어 기쁘다
동생도 옷을 보고 맘에 든다고 한다
아들은 이모한테도 선물

우리는 두툼한 나이키 패딩 잠바를 선물 받아
쌍둥이처럼 입고 따뜻한 겨울을 보낼 것 같다

명품 시계

건강하게 28개월 동안
충실히 임무를 마치고
2014년 6월 30일 제대

다음 날 7월 1일 새벽 직장 연수 떠남
제대와 취업, 그동안 힘든 시간 잘 지내온
아들에게 감사해서 기념으로

좋은 선물 하나 해주고 싶어서
최고의 명품은 아니지만
사촌 형이 발품 팔아
구입해 준 명품시계

잘 소장 하시게, 아들

미래의 딸에게

나는 미래에 만날 또한 사람
지금쯤 예쁘고 착한 숙녀로
하나님께서 보시기에 아름다운
해영 왕자님 짝으로 우리 곁에 다가올
정성을 다해 길러주신 미래의 사돈을 드리려고
침대 매트를 뜨고 있다
엄마는 정말 우리 아들이 이해심 많고 명철하고
지혜로운 짝을 만나길 기도한다
부지런하고 착한 해영이는
누가 봐도 부러워할 짝을 만나
행복한 가정을 꾸려 나갈 것으로 믿어 의심치 않는다

2011년 8월 30일

수많은 별 중에 예쁜 별

우리 가족으로 인도해 주신
주님께 감사드립니다

사랑하는 아들 해영이와
멋진 삶을 공유할 사랑스런 은지야
오늘 너희 둘의 결혼식을
가슴 속 깊은 곳으로부터 축하하며
너희 두 사람 앞날에 주님의 축복이
무궁토록 함께 하시길 기도드린다

사랑하는 은지야
엄마가 너에게 고백하기를
가끔은 내가 살아오면서 내 인생에
어느 때 무엇이 가장 행복해었나
기억해보면 해영이를 낳아을 때
가장 행복 했단다

지난 세월을 회상해 보면 지금까지

사랑하는 아들은 엄마 아빠 속
한 번 상해본 적 없이
33년간 쉼 없이 달려온 아들을
이제 사랑하는 은지에게 보낸다

엄마 아빠보다 더 좋은 은지를 만났으니
앞으로 결혼해서 살면서 좋은 일만 가득하고
서로 의지하며 기쁨은 나누고
어려운 일 있을 때는 함께 힘을 모아
이겨내고 살다 보면 기분 상한 일 있을 때도
항상 처음 만났을 때 좋았던 시절을 상기하며
감정은 쌓이기 전에 풀어 버리고

아들딸 다복하게
이 땅을 정복하고 빌려줄지언정
빌리는 자 되지 말고 부자가 되어
베푸는 삶을 완성하기 바란다

장가가는 아들에게

아들아
오늘은 엄마에게 무척 기쁜 날이다
우리 아들이 건강하게 잘 성장해
장가 가는 날이구나

이 기쁜 날이 엄마는
설레서 며칠 밤을 설쳤구나

오늘 너희 두 사람의 결혼을 축하하며
아들 해영이와 은지의 가정에
주님의 은총이 충만하길 기원하며
아들딸 낳아 온 가족이 건강하고
복에 복을 누리고 백년해로하길
주님께 기도 드립니다

해영아, 오늘부터는 한 가정의
선장이 되었으니 책임감을 가지고

이 세상이 너희들의 눈높이로 보기에는
잔잔한 바다 같지만

바다 속 물살이 요동치듯
세상은 호락호락 하지 않으니
너 혼자 결정하기 어려운 일 있을 때는
부모 형제와 의논하고

언제나 아내를 격려와 사랑으로 아끼고
사회에 모범이 되는 가정으로 완성하기 바란다

명심 세 가지

바람 피지 말 것
보증 서지 말 것
노름하지 말 것

결혼해서 이 세 가지만 지키고 살아도
자식 낳아 키우고
교육시키며 살다 보면
알찬 인생을 살았다고 생각하며
후회하는 삶은 아닐 것이다

세상을 살아 가면서
첫째 사람을 잘 만나야 한다
친구는 자원이며 어떤 친구를 만나느냐에
따라 인생도 달라진다

언제나 제일 가까운 사람이
함정을 만들고 이용에 도구로 사용하려

호시탐탐 노리는 게 사람이다

그때 슬기롭게 거절하고
빠져나오는 기술이 필요하다

당하고 나면 그때부터 삶이 꼬이게 된다

손자가 그리운 나

우리 애들 어릴 적 바쁘다는 이유로
애들을 속으로는 예뻐해도
겉으로는 드러내 예뻐하지 않았다

애들이 유치원 다닐 때 금요일이 되면
웬일인지 가슴속 깊은 곳으로부터
기쁨이 솟아난다

오늘은 무슨 일로
내가 이렇게 기분이 좋은 걸까
하고 생각해 보면 내일은 토요일
애들이 유치원에 가지 않고
미용실에서 함께 지낼 걸 생각하니 기뻤다

나는 애들한테 엄했지만
바쁜 일과 속에서도
자식과 함께 있는 것이 행복했다

우리 애들은 바쁜 엄마와
미용실에서 부대끼며 유년기를 보냈다
나는 우리 애들이 결혼하면
손자를 세 명씩 낳길 기원한다

어느 날 아들한테
엄마는 손자를 보면 다 키워주고 싶은데
어려서 엄하게 했다고 안 맡길까 싶다고 하니까
아들 하는 말
손자한테는 안 그러겠지 한다
그렇게 말해준 아들이 고맙다

많은 사람이 말 한다
자식은 사느라 어떻게 키운 줄 모르고 키웠는데
손자는 그때와는 비교할 수 없이 예쁘다고
이쁜 이들 나오기나 해라
할머니가 준비하고 기다릴게

나의 사랑하는 손주 연준에게

하나님께서 해영이와 은지를 사랑하사
보내 주신 선물 우리 쑥떡이는
따뜻한 엄마 뱃속에서 한 달 빨리 서둘러
23년 5월 2일 온 가족의 환영을 받으며
세상 밖으로 나와 우리들의 큰 기쁨이 되었지

연준이에게는 한없이 착하고
따뜻하게 품어주시는 엄마 최은지
어린 시절에도 아기들을 좋아하며
잘 챙기던 아빠 정해영을 만나
연준이는 행복할 것이다.

지금은 24년
연준이가 태어나 집과 병원을 오가며
엄빠와 가족들의 애를 태우며 여러 차례 입원
연약한 팔에 수액을 달고
쬐끄만한 엉덩이에 주사를 맞으며
얼마나 스트레스를 받을까

연준이를 생각하면
할머니의 마음이 쓰리고 아프지만
사랑하는 나의 손주 연준이는
슬기롭게 잘 이겨낼 거라 믿는다

연준아 그까짓 것 바이러스쯤은
빠샤 물리치고 집에 오면
할머니가 연준이 만날 때마다
연준이 좋아하는 장난감 많이 사줄게
할머니는 매번 연준이가 병원에 입원할 때면

바쁜 연준이의 엄빠를 대신해
할머니 가게를 잠시 쉬고
연준이를 돌봐 주어야 하나 생각해 보지만
그것도 여의치가 않아
연준이에게 항상 미안하구나

사랑하는 나의 손주 연준아

좋은 엄빠를 만났으니 올곧게 자라

부모님께 큰 면류관이 되어

효도하는 아들이 되고

세상에 없어서는 안 될

훌륭한 사람으로 자라

부모님께 큰 자랑인 아들이 되거라

이 할머니는 연준이가 성인 되어 있을 즈엔

이 세상 사람이 아닐지라도

연준이를 많이 사랑해 주었던

할머니로 기억해 주고

연준이를 위해 기도하고

연준이를 아는 모든 사람들을 위해

행복하길 기도하고 있을 게

사랑해요 우리 손자 정연준

촌지
VIP로 오신 우리 강 서방님
날아라 예율이
제낭 박갑수 쌤
군인을 보면 다 우리 아들 같다
새벽 커피
군대 가는 청년에게
목욕탕에 가면
우산(비)
장학금
수학여행
배냇머리
팁
우체부 아저씨
경품당첨
아듀 15년 8월
북에서 온 손님
한 표도 안 나온 반장 후보
역사의 힘은 강하다
인체공학
이모님 전상서
큰 나무 고목 되어 쓰러지다
엄마, 안녕
그리운 어머니

4부

엄마, 안녕

촌지

우리 제낭 강 교장님께서는
44년의 교직 생활을 마치고
8월 대통령상을 받고 퇴임하셨다

그동안 교사로서 부끄럽지 않은
정직한 교사로서 책임을 다하고 퇴임
교사로 첫발을 내딛던 시절

어느 학부형께서 책 한 권 속에
촌지를 넣어 보낸 걸 확인하고
망설임 없이 돌려보내고

내가 이 촌지를 받는다면
학생들과 학부형께 떳떳하지 못하고
제자들에게 공평하지 못하다는 생각에

지금까지 단 한 번의 촌지도 받지 않고
모든 제자에게 공평했던 제낭 강 교장님은
진실한 교사로서 책임을 완수했다

VIP로 오신 우리 강 서방님

암울했던 그 어린 시절 우리 네 자매
좋은 DNA를 가진 집안에
유독 우리 아버지만 가정을 돌보지 않아

우리들은 지독하게도 불우한
유년기를 보내야 했고
혼자 그 고통을 감내하며
악착같은 인생을 사신 엄마

그래도 네 딸은 야무지고
예쁘다는 소리 퍽 듣고 자란
신평 댁 딸 중 셋째 숙이는
1남 4녀 중 제일 먼저 어린 나이에
우리 강 서방을 만나 결혼을 했다

강 서방 부모님께서는 고생고생
뒷바라지해 잘 키운 아들

교사 며느리를 보리라 생각하셨는데

가난한 집안에 내놓을 스펙 하나 없는
숙이와의 결혼에 실망을 많이 하셨다
충분히 이해하고도 남음

서울에서 직장 생활을 하고 있는데
숙이 결혼함을 팔러 온다고 해서
잠시 내려 왔다

백마를 타고 오신 우리 강 서방은
잘생기고 심성도 착해
직장 좋은 VIP 신랑감이였다

그때 나는 얼굴도 예쁜
신평 댁에 셋째 딸 숙이가
복이 많아 좋은 신랑감을 만나

훌륭한 사람이 우리 집안의
일원되신 걸 감격해 했다

어린 시절의 철없던 우리 동생과
결혼해 준 강 서방 덕분에
한층 UP 된 우리 집안

강 서방께 감사해서
항상 잘해 드리려 해도
세상살이가 마음대로 안 될 때가 많다

어린 나이에
우리 가족과 연을 맺고
일생 성공한 교사로
임무를 마칠 시간이 다가온다
나는 하나님께 무한 감사를 드린다

지금까지 우리 강 교장님
은퇴 하실 때까지 오고 가는 길
잘 보호해 주시고 온 가족 건강하게
잘 지켜주셔서 감사함을

강 서방 은퇴 서운하게 생각 마시고
족쇄 풀어버리고 자유인으로
여유를 누리며 새로운 인생 즐기며 살아요

날아라 예율이

떴다 떴다 비행기
이 자리에 모인 여러분은 이미 떴습니다라는
이어령 박사님의 축사가 엊그제 같은데

율이가 벌써 학업을 마치고
별 3개네 직장도 마련하고
졸업을 하니 더 이상 좋을 순 없구나

언제나 기대와 기쁨 희망을 안겨준 율이는
그동안 학생의 신분이었다면
이젠 어엿한 사회의 일원으로서
크게 성장 할 수 있도록
세계로 눈을 돌려 큰 별이 되거라

많은 사람의 기도와 사랑받을 만한 율이는
승승장구하며 빛나거라

제낭 박갑수 쌤

긴 여정을 마치시고
휴식을 갖게 되신
우리 박갑수 선생님

오직 훌륭한 제자 양성만을 생각하고
앞만 보고 달려온 요즘 시대에
진정한 스승 박갑수 선생님

젊은 시절 타향 객지로 떠나
학연 지연 인맥 벗 하나 없는
강원도 황무지 골짜기에서
그래도 이 정도면
잘 알 살았다고 칭찬합니다

앞으로는 건강하게 오래오래 살면서
율이, 원이가 손주 안겨주면 재롱 보면서
그놈들을 제자 삼아 공부도 시키고

박 서방 하고 싶은 거 실컷 하면서
영숙이랑 여유로운 노후 보내시기 바랍니다

내 맘 속에 박 서방은 지금도
청년 박갑수로 남아 있는데
엊그제 같았던 세월이 금방 지나갔네요

한동안은 허전하기도 하시겠지만
박 서방은 낭만적인 성품이어서
잘 적응 하실겁니다

사랑하는 우리 박 서방 파이팅

군인을 보면 다 우리 아들 같다

우리 아들이 군대 가기 전에도
군인들을 보면 항상 안쓰럽게 생각했는데
우리 아들이 군대 간 뒤로는
어디서든 군인을 보면 짠한 마음에
실례가 되지 않는다면 가지고 있는 돈이라도 주고 싶다
아들 군대 보낸 부모들은 누구나 그럴 것이다
우리나라 고위직과 정치를 한다는 사람
86%가 여러 이유로 군미필
세계 통틀어 휴전선을 앞에 두고 있는 나라에서
국가를 다스린다는 사람들이
나라는 누가 지키냐 개가 지키냐
앞으론 이유야 어떻든 군미필자는
정치에 자격 박탈하는 법을 만들어야 한다
북한에서는 장애자 외엔 전부 군대 간다
우리 아들 특전사 흑표부대 있을 때
아들이 보고 싶어 면회를 갈 때면
파리바게트 점주인 동생을 통해
모찌떡 30×10박스를 소분해 부대로 가져가서

보이는 군인마다 한 상자씩 주면
감사합니다 감사합니다
얼마나 좋아하던지 매번 갈 때마다
그렇게 하던 중 아들이 떡을 꺼내지 말고 그냥 두란다
왜 그러냐고 했더니 소대장인 아들은
대원들 사랑에 뭘 좀 알았는지
자기 대원들을 챙겨야 한다는 말이 기특했다
소대장인 우리 아들은 대원들을
친형제처럼 생각하고 알뜰하게 챙겨
특전사 특급 전사로 제대할 때 대원들의 아쉬움 속에
뜨거운 눈물로 환송받으며 울면서 집으로 왔단다
요즘도 남원 7733부대에서 나와 주차하고 대기 중인
군용차를 보면 몇 명이 타고 있나 얼른 내다보고
커피를 타다 주면서 언제든지 주차하고 기다릴 때
들어와서 커피 마시고 쉬었다 가라고하면
감사하다며 그러겠다고 하는 운전병이
너무나 사랑스럽다

새벽 커피

우리 집 앞 대로에 사람과 자전거가
다닐 수 있는 인도를 멋지게 공사를 하는데
낮에는 교통 문제 때문에 야간 공사를 한다

나는 매일 4시 반 교회로 가
기도를 하고 수영을 하고온다
새벽에 문을 열고 나오면
도로에는 공사하시는 분
7~8명 정도 중장비로 밤을 새우고
일을 하시는데 완전 한낮이다

추운 겨울 얼마나 힘이 드실까
나는 도와드릴 일도 없고
수고하신다며 매일 따뜻한 커피를
한 쟁반 타다 드리면
추운 날 너무 감사하다며 좋아 하신다

그러다 보니 기사님들과 친해져
공사 기간 머리도 우리집으로
깎으러 오셔서 하시는 말씀

공사를 하다 보면
먼지 난다고 욕하고
시끄럽다고 욕하고
빨리 안 끝내 준다고 난리 치는데
매일 새벽마다 커피 타 주시는
원장님 같은 분 첨 본다면서 칭찬을 하시네

새벽마다 따뜻한 커피를
기사님들께 타드리는 나의 손길
얼마나 기쁜 줄

군대 가는 청년에게

나는 30년 넘게
미용실을 운영하는 원장으로서
우리 미용실에 군대 간다고
머리를 깎으러 온 청년에게는
누구든 돈을 받지 않는다
처음 보는 청년은 죄송해서 안 된다며
돈을 받으시라고 권하면
나는 이렇게 말한다
청년은 국가의 부름을 받아
국방의 의무를 다하려고 군대 가는데
머리 한 번 깎아주고
돈을 받는 건 내 손이 부끄럽다고
군대 가서 건강하게
나라 잘 지키고 오라며
나는 청년을 위해 졸지도 아니하시고
우리를 지키시는 주님께
어두운 골짜기 혼자 지날 때에도
동행해 주시길 기도하며
편한 잠을 자겠다고 그리고 휴가 나오면

늠름해진 모습 보고 싶으니
꼭 들리라고 당부한다
몇 달 지나면 군기 잡힌 모습에
나, 전에 보던 애송이가 아니라는 듯
힘찬 거수경례하며 내 앞에 나타난다
나는 우리 아들처럼 반기며 필승 경례 받고
귀를 쫑긋 세우고 군 생활 이야기를 나눈 뒤
친구들과 차 한잔하라며 내 마음을 전할 때
나눌 수 있는 내가 행복하다
군대 가는 청년은 우리 미용실로 오시오
군대 갈 때 머리는 내가 깎아 줄게요

목욕탕에 가면

나는 목욕탕에 가면 언제나 혼자 온 사람들을 찾아 혼자 오셨냐고 묻고 등을 밀어 드린다.

늙고 힘없는 할머니들께 등을 밀어 드린다고 하면 무척 반기며 좋아하신다.

언제부터인지 기억은 없지만, 나는 목욕탕에 가면 혼자 오신 분을 찾아 등을 밀어주고 오겠다는 목표를 세우고 나의 보이지 않는 선행이 덕을 쌓는 거로 생각하고 꼭 그렇게 하려고 노력한다.

이 일도 내가 힘 있고 젊으니 할 수 있는 일이라 생각하고 어제도 목욕탕에 혼자 온 젊은 아주머니 등을 밀어 드렸다.

그는 고마워하며 "병원에 입원했다가 와서 때가 많이 나올 텐데요"하며 미안해한다. 나는 괜찮다며 등을 시원하게 밀어주고 왔다.

오늘도 보이지 않는 선행을 베풀고 하늘에 적립금을 쌓았으니 이런 게 다 후에 내가 사랑하는 사람들에게 복으로 돌아갈 것으로 생각한다.

우산(비)

갑자기 비가 내리면 지나가는 사람들이
우리 가게 앞에 비를 피해 서 있다
우산을 가지고 나가 쓰고 가시라고 펴주면
무척이나 고마워하며 우산을 쓰고 간다
처마 없는 건물들, 요즘은 가게 앞에서
비를 피하기도 마땅치 않다

나는 형제들에게 우산을 모집해
2014년에도 60개의 우산을
지나가는 사람과 손님께 봉사했다

2015년에도 서울 언니가 우산을 한 박스 보내왔다
내년에도 비가 오면 많은 사람과
손님께 우산을 나누어 줄 수 있어서 좋다

비가 오면 우리 집으로 오시오
우산 하나쯤은 웃으면서 드릴게요

갑자기 비가 오면 뛰어가는 사람 불러 우산을 펴주고
가게 앞에 비를 피해 서 있는 사람에게도
우산을 펴준다

받는 기쁨보다 주는 기쁨이 한없이 크다

장학금

나는 사단법인 대한미용사회 남원시지부
7대 지부장으로 재임 시 3년간
미용실 원장님의 자녀에게
장학금을 전달했다

우리 미용인들은 예술 감각이 뛰어난데다
머리도 좋아 똑똑한
원장님들의 자녀도 영특해

학업 우수자 40십 명에게
15만 원 장학금을 전달했다

수학여행

중2 딸래미가 제주도로
수학 여행을 간다

엄마 우리 반 00이는
돈이 없어 여행을 못 간대

나는 그 학생이 같이 갈 수 있도록
학교에 전화 전수 조사
아홉 명의 친구가 형편이 어려워
여행을 포기하고 있었다

함께 제주도로 여행을 가
좋은 추억 만들 수 있도록
여행비를 내줄 수 있음에

감사 드렸다

그 친구들 지금 쯤
모두 훌륭하게 자랐겠네

배냇머리

어느 한 가정에
새 생명 아기가 태어난 건
하나님의 축복 중의 축복이다

아기는 그 가정에 해피바이러스
아기가 주는 기쁨과 행복
이루다 표현할 수가 없다

꿈나무들 모두가 편견 없이 잘 자라
이 나라에 기둥이 되길
아기가 태어나 배냇머리를 깎으러
처음 찾은 미용실

백조미용실에 머리를 깎으러 오면
나는 신생아의 머리를 예쁘게 다듬어주고
돈은 받지 않는다

수고하셨는데 안 된다며
권하는 젊은 부부에게
아기가 세상에 태어나
처음 찾은 백조미용실에서
머리를 깎아주게 된 내가 영광이라고

아기 배냇머리를
기념으로 보관하라고 담아주면

밝게 웃으면 간다

팁

나는 식당에 밥을 먹으로 가면
서빙하는 자식 같은 학생들에게
함께 간 사람들이나
가족들 몰래 많은 돈은 아니지만
퇴근길 택시 타고 가라며 팁을 준다

내가 그렇게 하는 건 3D 업종 종사자들께
잠시나마 기쁨 희망을 주고 싶은 마음에서다
그 사람들이 잠시라도 좋아하는 걸 보면
나는 더 기쁘기 때문이다

나도 삶에서 신부 메이크업을 마치고 나면
감사의 표시로 팁을 받으면 조금 받는 봉투가
값져 보였으므로 그 기쁨을 알고 있는 나는
그 학생들에게 그렇게 하므로
돌아오는 발걸음이 가볍고 기쁘다

우체부 아저씨

살면서 수많은 우체부 아저씨들을 만나왔지만
착하고 친절하지 않으신 아저씨는 없었다

날마다 기쁜 소식을 전해주는
해피바이러스 아저씨들은
언제나 한결같이
친절하고 고마우신 분들이다

요즘은 급격한 노령화 시대에
시골에서는 생필품도 다 사다 드리고
모든 심부름도 마다하지 않는
우체부 아저씨들은 한 가족과 같다고 한다
사람들은 처음 직장을 택할 때
본인의 적성대로 간다

우체부 아저씨는 인상에서부터 나타난다

경품당첨

받은 복이 많은 내 동생 숙이는
당첨에 복도 많아
어떤 행사에 가든
언제나 경품에 당첨
좋은 선물을 타오곤 한다

그 재미에 빠져 동생은 꼭 참석하여
경품을 받고 기뻐하던 어느 날
동생에게 제안했다

숙아, 앞으로는 어떤 행사에 가더라도
경품권을 포기하고
내놓는 경품을 타오지 말고
작은 상품 하나라도
내놓는 사람이 되자고

우리보다 어려운 이웃이

필요한 상품을 타가도록 기도 하자고
제안했더니 그 말을 듣고
잠시 숙연해지더니

그래, 언니
언니 말대로 우리보다
어려운 사람들한테 양보해야지
그 생각을 못했다며
앞으로는 그러지 않겠다고 바로 인정

먼 옛날 그때부터
경품 행사에서 마음을 비운 숙이는
언니보다 너그러운 성품으로
베풀기를 좋아하고
많은 복을 타고난 숙이 같은 동생을 둔

나는 행복하다

아듀 15년 8월

8월의 마지막 날 월요일
오늘 하루가 지나면 15년 여름은
역사의 뒤안길로 사라지고
옛이야기가 된다

비무장 지대에서 일어난
지뢰 폭발 사고로
아깝고 귀한 아들 2명의 큰 부상

한민족 분단의 비극 속에
보기도 아까운 아들들의 희생은
이제 끝내고 미래 지향적으로 나가
짧은 인생사 서로 잘 먹고 입고 잘사는
행복 시대를 만들어 가야한다

같은 언어와 얼굴 형제의 핏줄
한줄기로 흐르는 물과 땅에서
빠른 세월 다 가기 전에

우리는 변해야 한다

어쩌다 이 작은 땅에서
서로 주적이 되어
상처투성이로 오랜 시간
변하지 않는 것일까

하루 빨리 평화통일이 되었으면 좋겠다

북에서 온 손님

2014년 10월 4일
북에서 귀한 손님들이 왔다
북한 서열 2, 3, 4위가 왔다

아시안 게임 역사상 7위에 올라
북선수들 격려 차원에서 왔단다

세계 모든 언론은 앞다퉈
일제히 보도하고 있다

이번 계기를 맞아 남북이
좋은 관계로 발전하기를
온 국민은 바라고 있다

남북이 서로 조금씩 이해하고
양보하는 마음으로 협력하여
아름다운 통일을 이루었으면 좋겠다

한 표도 안 나온 반장 후보

초등학교 반장 선거에 어느 아이는
공약과 연설문을 작성
친구들의 마음을 얻어 보려
선거 운동을 열심히 하였습니다

투표 날이 다가 왔습니다
때마침 반장 선거가 난립
8명의 후보가 나와
표가 분산될까 걱정이 컸습니다

몇 표나 나올까 기다렸습니다
드디어 개표 시작
그런데 그 아이는 한 표도 나오질 않았습니다
선생님께서 그 아이한테 물어 봤습니다

00아 너는 누구를 찍었냐
친구 00이를 찍었다고

정말 순진무구한 애들한테서나 볼 수 있는
때 묻지 않은 순수한 마음이 담긴 사례입니다

반장 선거에서는 떨어졌지만
그 아이는 훗날 생각해 봐도 떳떳한 패배였습니다
어린이 반장 선거에서 어른들이 배워야 할 듯

역사의 힘은 강하다

5·18은 수없이 심의를 거쳐
국민적 합의와 사법부의 판단으로
김영삼 정권 때 민주화운동으로 승격

매년 대통령이 참석 국가 기념일로
정해진 날인데 그 슬픈 역사를 왜곡하는
국민의 대표라는 질 떨어지는 국회의원들이
어떻게 저런 망국적인 망언을 일삼는지

5·18을 정치적으로 이용
지역감정을 유발하여 영호남 차별로
그동안 얼마나 전라도와 전국에 퍼져 사는
전라도 사람에게 비인간적인
대우와 불이익을 주었던가

광주시민을 무참히 짓밟고
지울 수 없는 상처가 역사로 남게 되었는데

그 망언자 3명은 그 시절 몇 살,
어디서 어떻게 살았는지 모르지만
광주항쟁을 모를 수밖에 없었던 것이

그때 광주는 교통통신언론 매체를 다 막아
광주에서만 알 뿐 광주를 향한 소식은 먹통이었기에
그때는 광주는 모르는 사람은 몰랐겠지만
지금은 다 아는 사실을 어느 날부터 느닷없이
북한군 개입설에 국민들의 판단을 흐리게 만들고 있다

전 세계 전쟁 국들도 전쟁할 때는
어린이와 노약자 민간인은 보호하는데
광주에서는 그러지 않았다
총 머리에 칼을 꽂아
어린이 노약자, 임산부 가릴 것 없이
선량한 광주시민을 무참히
찌르고 죽어 갈 때에

국가는 없었다
누구의 도움도 받지 못하고
나는 그때를 생각하면 미국이 원망스럽다
조금만 전두환한테 겁박했으면
그 많은 사람의 희생을 멈추었을 텐데

우방국으로서 미국은 강 건너 불구경하듯
무능하기 짝이 없이 꼭 광주시민이 아니어도
민주화를 위해 싸운 외로운 사투를 벌인
광주시민의 숭고한 정신을 되새겨 주었으면 좋겠다

광주항쟁 40여 년이 된 지금의 내 기억은
10년도 지나지 않은 듯 또렷이
주마등처럼 뇌리를 스친다
이 글을 쓰는데 눈물이 흐르는 것은 왜일까

1000년의 세월이 지난다 해도

광주항쟁은 왜곡되어서도
어느 누가 비하해서도 안 된다
광주시민들은 감정을 꾹 누르고
그때를 상기하지 않을 뿐이다

통일시대를 앞둔 이 시점에 왜곡을 빌미로
지역감정을 유발하여 표를
더 얻어보겠다는 생각으로
국민을 분열시키는 이런 자들은
친일파보다 더한 자들이다

전라도 사람이건 경상도 사람이건 대한민국 사람은
광주항쟁에 대한 평가는 분명해야 한다
5·18을 운운하는 자들 광주항쟁에 대해
자세히 들여다본 적 있으며
5·18국민묘지에 한 번 가본 적 있는지

어떤 분이 유공자에 잘 못 선정되었던들
그때 광주시민들은 표면적으로 상처 입지 않았어도
모두 패닉상태에 살았던 피해자이며
트라우마를 겪으신 분들이기에
무엇으로라도 보상이 필요한 분들 아닌가

5·18 이후에 태어난 분들은
40대가 되어 적지 않은 나이에
딴 세상 이야기 같겠지만

지금도 그때 증인들과
자식을 잃고 가족 잃은 분들이
다들 생존해 산 증인이 있는데
왜곡을 하다니 유공자분 가슴에
또 한 번 대못을 박는 것이다

인체공학

하나님의 인체공학을 나의 짧은 머리로
어떤 말과 표현으로 논하기 어렵지만
하나님께서 이 지구상 숨 쉬는 것 중
제1은 사람을 만드는데
심혈을 기울인 흔적이

그토록 인간을 신비하게 만들었는지
하나님이 아니면 상상하기 어렵다

머리에 꼬불꼬불 꼬아놓은 뇌에
저장하고 많은 것을 생각하게 하시고
머리를 하늘로 들고 다닐 때
햇빛에 뜨거우랴 어디에 부딪히랴
약간의 쿠션감을 주는 검은 머리

눈에 먼지 들까 다칠까
속눈썹으로 거르게 하시고

귀는 파도 소리에 스쳐 안 들릴까
바가지를 붙여 놓고
콧구멍은 비오면 물들어 가지 않게 아래로

목은 앞뒤 몸 살피라고 180도 돌아가고
양팔은 쭉 뻗대고 다니다 부러질라
등 가려울 때 긁으라 접어주고
열 손가락은 꼼지락 꼼지락 못하는 게 없네

양쪽 가슴에는 추를 맞춰놓고
앉을 때 찌르지 않도록
궁둥이에 통통한 방석 두 개를 붙여 놓고
두 다리는 걷다가 아프면 쉬어 가라고 접어 주시고

위장은 그 속에 방앗간이 있는 것도 아닌데
그 많은 음식을 섭취해도 쇠덩이도 녹일지라
액기스를 모아 단것 쓴 것, 신 것, 매운 것, 짠 것

분리 저장해 두었다가
필요한 곳에 쉬지 않고 내보내며
위장에서 걸러진 노폐물 변과 소변을 배출해
몸을 한껏 시원하게 하시고

한 사람의 핏줄은
지구를 몇 바퀴를 돌만큼 길다니
이건 대충만 해도 이러니 헤아릴 길이 없구나

또한 나이 들어 아픈 곳이 여기저기 생기고
허리는 굽고 머리는 백발이요
얼굴과 온몸에 주름은
번데기가 사돈하면 어떠냐고 할 만큼

그래 하나님 보시기에 이렇게 늙어 죽어
태워버려도 아깝지 않으시게
인간의 역사를 만들어 놓으셨다

이모님 전상서

모나미가 사랑하는 지혜롭고 인자하신
세상에 오직 한 분이신 나의 이모님

젊은 시절 그리운 고향 떠나
낯선 타향에서 자식들 부양하시느라
청춘을 불사르셨던 우리 이모부님

전화해도 귀가 잘 들리지 않으셔서
다정한 대화 한 번 해보지 못한 것이
정말 아쉬움이 남는군요

좋아하시던 술 한 잔
사드리지 못해 죄송합니다
2011년 11월 28일 미용의 날 행사가 있어
서울에 다녀왔습니다

여느 때와 같이 대전을 지날 때는

여기에 우리 이모이숙이
살고 계신다고 생각하면
든든한 마음이었습니다

그런데 그날은
언제나 계실 줄만 알았던 이모부님께서
이제는 대전 그 어디에도
계시지 않는다고 생각하니
눈물이 주르륵 흘렀습니다

모나미는 어린 시절 친인척 중
이모님 댁이 1순위였습니다
언제나 이모님 댁이 부자였으면 하고
기도를 했습니다

그만큼 열심히 하셔서
자식들 다 가르치시고

최선을 다하신 이모부님께서는
축복받으신 분이시기에
예수님의 영접 받으시고
천국으로 가신 이모부님께서는
행복하셨을 겁니다

사랑하는 이모님
지금쯤 이모부님의 빈자리가
크게 느껴지실 시간이시겠군요

마음이 허전 하시더라도
마음을 추스르시고
누구나 한 번의 이별은 있는 거니까요

이제 여생 2남 5녀의 사랑 받으시면서
구경도 많이 다니시고
좋은 것 많이 드시고

행복한 날들 보내십시오

우리 이모님은
그럴만한 자격 있으십니다
자식들 모두 효자 효녀를 두셨으니까요

이모 다시 만날 때까지
건강하게 잘 지내시고
앞으로는 자주 만나요

조카 모나미야 올림

큰 나무 고목 되어 쓰러지다

열여섯 살에 안 씨 문중에 시집와서
모진 풍파 헤치고 살아오신 어머니
장사 나가 80킬로 곡식을 머리에 이고 오실 땐
장정 남자들도 놀랐다고 한다
종일 나가 돈 벌어 오시고
해는 넘어 가는데 논에 나가신 엄마
달이 지드락 일하고 계신다
아무도 없는 들에 혼자 일하신다는 걸 생각해 보면
어린 우리들은 엄마가 무사히 잘 오실까
얼마나 걱정을 했는지
성인이 될 때까지 엄마와 하루도 함께 해본 적이 없이
엄마의 부재에 늘 외로웠던 나

엄마 살아오신 일생은 말로 다 할 수가 없다
불쌍하신 엄마 홀로 사는 아들 못 잊어
곁에서 지내시다
쓰러지셨다는 연락을 받고

막내 동생이 수원 병원으로 달려가
응급 조치하고 앰블란스로 고향으로 오시는 중
의료원에서 기다리고 있는데
남원 IC 쯤 오고 계시는지 삐뽀삐뽀
이게 무슨 상황이라고 나는 너무 기쁘다
이제는 엄마가 어디 안 가고
병원에 누워 계시면 언제든지 볼 수 있어서 좋다
도착, 우리를 알아본 엄마는
여기가 어디냐?
남원의료원
어떻게 이리 왔냐?
쓰러지셔서 막내가 모시고 왔어
알았다

엄마의 정신력에 의사 쌤은 기적이라고 한다
4주 만에 돌아가신 엄마 돌아가신 복을 잘 타셨다고
많은 사람 덕담

엄마, 안녕

2013년 3월 20일 음력 2월 7일 12시 30분
이 세상에 우리 엄마로 사신 세월
88세의 일기를 마치셨다
오늘 따라 손님이 많아 무척 바빴다
동생이 울면서 전화로 엄마가 돌아가실 것 같다고 해
나는 아무 말 없이 밖으로 나가
택시를 타고 병원으로 갔다

엄마의 모습은 너무도 평온해 보여
엄마에게 마지막 인사를 했다
엄마 그동안 우리의 엄마로 살아오심에 감사드리며
우리 네 딸은 엄마의 좋은 유전자를
물려주신 것만으로도 감사드리며
그동안 고생 많으셨어요

이제는 모든 걸 다 내려놓으시고
일하지 않아도 되고 아픔 없는

너무나도 좋으신 하나님 나라에서
영생 복락을 누리고 계시기를
훗날 우리도 갈 테니 그때 만나자고 인사하고
엄마 오빠는 걱정 마시라고 하니까 눈을 크게 뜨신다
이제 돈도 잘 벌고 있고
우리 형제들이 오빠를 많이 도와 드릴 테니
걱정하지 마시라고 하니까
눈을 뜨고 듣고 계시다 편안히 눈을 감으셨다

옆에서 울고 있던 동생은 눈을 감고 계시던 엄마가
오빠 말에 눈을 뜨셨다고 아들 사랑에 놀라했다
돌아가신 엄마 모습에서 하나님께서
천사를 보내 영접하신 걸 확신했다
승하원에 모신 3일 후 새끼들 형제자매 모두
각자의 처소로 떠나고 엄마 없는 하늘 아래 이 자리에

나는 홀로 쓸쓸히 앉아 있구나

그리운 어머니

어머니 세상에 계실 때
다정하게 해드리지 못해 죄송하고
형편 좀 나아져 효도 하려니
세상에 안 계시니
다정한 말 한마디 고파 하시던 어머니
평생 계실 줄 알고 툴툴대고

그 애인해 하시던 아들이
집을 사서 집들이 하던 날
어머니 옆에 계셨다면
얼마나 좋아 춤을 추셨을까

딸들 잘되기를 기도 많으셨던 어머니
새집으로 이사 가려니 제일 먼저
어머니께 보여 드리고 싶은데
이 세상에 안계시니
안타까움과 그리움이 사무치게 밀려 온다

손자들 공무원 합격하고
다들 좋은 자리
취직했다는 소식 들으실 때마다
밥 안 먹어도 배불러서
입이 귀에 걸려 날아다니셨을 텐데

생각할수록 가엽고 불쌍하신 어머니
하늘 아래 우리 어머니 보다
고생 많으셨던 분 또 어디에 계실까

어머니의 분신인 하나뿐인 아들이
맘 잡고 동생들과 화합하고
잘 지낸다는 걸 아신다면
기뻐 천국에서도 편한 잠을 이루시겠네
많은 욕심도 없이
정직하고 착하신 어머니는

그것만으로도 행복해 하실 분이신데

어머니가 돌아가시고 나면 우리 자매들은
오빠한테 무관심하게 될 줄 알았는데
우리 집 왕자로 군림해 온 오빠에게
길들어진 우리도 놀랍다

오빠의 타고난 복을 누가 막으랴
어쩔 수가 없네

전생에 혹 이순신 장군

30주년
경찰에게 스티커 끊다
손가락
삶의 터전 백조 미용실
떠난 손님
서울에서 온 손님
새벽 손님
예쁜 초등생
오싹한 이야기
장 쌤은 멋진 해병대 사나이
돌고 도는 돈이란
청년의 음주 운전 미안해서
뺑소니범을 잡다
오토바이 도둑
우리집 애마 쏘나타 님
고딩의 책가방
겁 없는 고딩
듬직한 볼보
첫 손님
웃음소리
칭찬은 고래도 춤추게 한다
많이 슬픈 IMF
사후기증
아름다운 유언
모나미야의 최종 학력

5부

30주년

30주년

86년 서로의 인연을 만나
적지 않은 나이에 결혼
언능 우리 곁으로 와준
예쁜 딸과 아들을 낳아

심성 착한 남매는 한없는 기쁨과 행복을 주었지
어느덧 성인이 되어 효녀 효자인 남매는
각자 제자리에서 책임감을 가지고
잘하고 있는걸 보면 든든하고 고맙다

나의 삶에 재산 1호 남매는
말썽 한 번 부려본 적 없이
우리에게 주는 기쁨은
헤아릴 수 없이 많았지

둘이 만나 가정을 이루고 살면서
어렵고 힘든 일도 많았지만
너희 남매를 보면서

새 힘을 얻어 일어나곤 했단다
요즘 보기 드문 자식들

쉼 없이 달려 오다보니 30년이 되었네
오랜만에 중추절 우리는 보라카이에 간다

경찰에게 스티커 끊다

오랜만에 대전에 살고 계시는 이모, 이모부와
가족들께 밥 한 끼 대접해 드리려 예약
약속하고 동생과 대전으로 간다
서대전 쯤에서 U턴을 하는데 경찰이
이리이리 손짓하며 부른다
남편 왜 그러지
아니 내가 보니까 빨간불인데 가더만
내가 고개를 갸우뚱 경찰에게 면허를 드리고
잘 좀 부탁합니다
벌점 없는 교통카드 3만원을 끊고 출발하려는데
차 안을 드려다 보고
뒷좌석에 앉자 계신 분은 누구냐고 묻는다
예 제 동생인데요
예
경례하며 좋은 하루 되십시오
언니 근데 경찰관 아저씨가 나를 왜 물어보냐
몰라
물어보자

뒤로 후진

아저씨

예

근데 우리 동생은 왜 물어 보신거에요

혹시 운전자의 부모님이신가 해서 물어 본겁니다

아드님께서 운전 하시다가 스티커를 끊으면

부모님 앞에서 아드님 명예가 훼손될까 봐

부모님이시면 경찰관의 재량으로 봐 드리려고

아~ 예

얘기를 듣고 출발

동생은 딱 보면 모르나 기분 나빠 죽겠다고

어디 내가 형부 엄마처럼 늙었냐고

다음에 대전에 와서

뒷좌석에 타신 분은 누구냐고 물으면

윤희가 타고 있어도 부모님이라고 해야겠다고

죽는다고 둘이 웃고 오는데

스티커 끊고 기분 나쁜 남편은

시끄럽다고 화를 낸다

손가락

언제부터인가
오른쪽 엄지손가락이 아파
병원에 다녀왔다
며칠 지나니 또 아프다
주사를 자주 맞으면 안 된다고
수술을 권한다

수술하면 한 달 정도
휴업해야 하는 데 걱정이다

언제인가 아주 먼 옛날
많이도 부지런한 나의 손에 소중함을 느껴
손가락 보험을 생각한 적도 있었는데
그때가 생각 난다

요즘에는 열 손가락이 아파 온다
관절염이 오는가

나는 손가락의 아픔을
자연스럽게 받아드린다

60십 년 가까이 얼마나 쉼 없이 부렸나
하나님께서 주신 두 손에
감사 감사를 드린다

귀한 두 손에 늘
감사함을 잊고 살 때가 많다

생각해 보면 새록새록 감사가 절로 나온다

삶의 터전 백조 미용실

나는 쉬는 날 하루라도
미용실에 출근하지 않으면
무척 공허하고 답답할 때가 있다

미용실에 있어야 마음이 편하다
나의 삶은 언제부터인지
오래 길든 생활 속에
보이지 않는 족쇄가 있다

오랫동안 정들어 마음이 통하는
사람들과의 만남은 나에게 생동감을 준다
가끔은 피로감을 주는 사람도 있지만
대부분은 좋은 사람들이다

그분들이 계셔서
우리 꿈나무들을 키울 수 있었고
힘들고 암울했던 긴 터널을

빠져나올 수 있었기에 고마운 분들이다

바람이 있다면 30년 넘게 미용을 하는 동안
변치 않고 찾아주신 임들께
내가 미용을 그만두고 은퇴할 때는
조금이라도 보답할 수 있도록
여유로워졌으면 좋겠다

자영업을 하는 사람들의 오랜 고객은 나의 자원이다
때가 되면 찾아 주시는 고객께 늘 감사드린다
30년 넘게 일하다 보니 상호 간 늘 좋기만 했을까
혹, 나로 인해 마음 상한 분이 계셨다면 미안한 일이다

마음 돌려 다시 오신다면
따뜻한 마음으로 맞이하겠다고 다짐한다

떠난 손님

미용실을 운영해 온 지도
30년이 훌쩍 넘어
단골손님으로 다니시던
어르신들께서 한 분 두 분
퇴거를 하늘 나라로 옮기신다

건강 하시던 어르신께서 하루 아침에
돌아가셨다는 말씀에 깜짝 놀라
아이구 큰일났네 하니까
왜 돈 받을 것 있냐고 한다
아니 단골손님이 떨어졌다고

구정 쇠고 낭천댁 어르신이 미용실에 오셨다
새해에도 건강하시고 복 많이 받으세요
설도 잘 지내시고 맛있는 것도 많이 드시고
자식들도 다 왔다 가셨냐고 하니까
설이고 뭐고 세상 귀찮다고

어서 죽었으면 좋겠다고 한다

아니 뭔소리 하는 겨 작년에 돌아가신 분도 많고
양로원에 가신 분도 많아 손님도 없어 죽겠구만
내가 미용실 할 때까지는
죽으면 안 된다고 하니까
알았다고 하신다

사람 좋으신 낭천댁

서울에서 온 손님

여느 때처럼 미용실에 출근
카운터에 서서 화장하고 있는데
40대 중반 여성이 한복을 입는다고
드라이를 해달라고 쭈욱 들어오더니
머리도 감아야 한다고 하면서
처음 온 사람이 샴푸대를 잘도 찾아가
물을 세게 틀어 놓고 빨리해야 한다며
나를 쳐다보고 있다

그래서 내가 하는 말
손님이 아무리 바빠도 화장을 하다가
눈썹 양쪽을 다 그리고 일을 해야지 않겠냐고
어떻게 눈썹을 한쪽만 그리고 일을 하냐고 하니까
자기도 웃고 있길래

손님 그렇게 백날 물을 세게 틀어 놓고 계셔도
따뜻한 물 안 나온다고 이리 오셔서

차분히 코트도 벗으시고 스카프도 풀어놓고
머리도 제가 감겨 드려야지
손님이 어떻게 감으시겠냐고 하니까
알았다고 해서 샴푸를 해드리고 드라이를 하고 있는데
젊은 남자 한 분이 들어오더니
원장님 이분 서울에서 오신 귀한 분이시라며
잘 좀 해 드리라고 한다

아, 예 하면서
쳇 얼마나 귀한 분이라고 아침부터 설쳐대
하면서 드라이를 마친 후
뒷머리를 보시라고 거울을 주니까
아유, 바로 이거야, 웨딩드레스를 같이해서
한복 머리 잘하실 줄 알았다며 감탄
유쾌하게 갔구만

2014년 12월

새벽 손님

혼주가 새벽 예약을 하는데
최대한 빨리 해달라고 한다
택시를 예약해 기사님 택시비도
후하게 드린다고 하니

4시 30분까지 미용실에
모셔다 달라고 예약 후
여러 날이 지난 뒤

전날 밤 아무리 잠시라도 잠을 청해봐도
잠이 오질 않아 술도 못하는 나는
와인 한잔을 하고 잠을 청해봐도
말똥말똥하다가 잠이 들었나 싶은데

전화벨이 울린다
기사님 하는 말
왜 아직 문을 안 열어 놨냐고 한다

그렇지 않아도 빠른 예약 손님인데
3시에 태우고 와서
왜 그렇게 빨리 왔냐고 하니까
약속 시간에 늦을까 봐
한숨도 못 자고 좀 일찍 왔다고

혼주가 택시에서 내려 들어오더니
나를 보고 자기는 아무 죄가 없다고
자기도 긴장이 돼 한숨도 못 자고 있는데
갑자기 택시가 와서 빵빵거려
깜짝 놀라 타고 온 거라며
새벽부터 우리는 각자 책임 완수하느라

한바탕 호탕하게 웃었음

2013년 11월 2일

예쁜 초등생

2006년 어느 날 초등학생 한 명이
친구 두 명과 매직을 하러 왔다
손님이 많아 기다리다
매직을 시작하는데
나이 드신 손님이 옆으로 다가와
"저 아이들은 아줌마 딸이요"
나는 너무 놀라
초등생이 받을 충격을 생각하니
걱정이 앞선다
저렇게 예쁘고 앳된 초등생한테
그 할머니는 큰 실수를 하셨다
"학생 어른이 되면 눈이 나빠져서
사람 볼 줄 몰라서 그러니 신경 쓰지 마"
마음 달래주고 친구랑
달달한 아이스크림 먹고 가라고
머리 값을 많이 DC

오싹한 이야기

남원의 종합병원 만병을 치료했다는
약산 전망대 등산코스가 좋아
시민들이 많이 찾는 곳

이른 새벽 남 등산객이 전망대에 다 오를 쯤
참 나도 빨리 올라왔다고 생각했는데
나보다도 빨리 와서 철봉에 매달려 있구나하고
산을 오르면서 힘도 장사네 오래도 매달려 있네

도착 지점 가까이 이르러
뒤따르던 여성 두 명을 향해
잠깐 오지 말고 쳐다보지도 마시오
함과 동시에 얼른 쳐다보고 기절

높은 산에서 119가 와서
병원으로 옮기느라 대원들이 고생

한동안 시민들은
약산 전망대 등산로를 기피 했다

장 쌤은 멋진 해병대 사나이

해병대 사나이가 우리 샾에
머리를 깎으로 왔는데
헤어 디자이너 장 쌤은 머리를 깎다가
해병대원 귀에 속닥속닥하니까
머리를 깎다가 벌떡 일어나 거수경례를 한다
장 쌤은 손 올려 경려 받고
별일 없었다는 듯 다시 머리를 깎는다

선후배 관계는 끈끈해
마른 장작이 화력은 강하다고
우리 장 쌤은 빼짝 말라
어떻게 해병대를 갔는지 사람 다시 봤다

그날 이후로는 우리 미용실에
해병대원만 오면 무조건 이리 와 봐요
이분도 해병대 나왔다고 소개를 하면
홍역 못한 사람 경기 날 만큼 큰소리로

거수경례하면 함께 있던 손님들도
깜짝 놀라 쳐다본다

나는 재미를 붙여
그분 해병대 출신이에요 하면
아~ 예 남자들도 인정한다
내가 뜬금없이 그래도
아무 말 없이 피식 웃기만 하는
착하고 예의 바른 장 쌤은
군 생활에서 배운 에티켓이라고 생각한다

해병대 출신 헤어 디자이너 장 쌤은
멋진 해병대 사나이

돌고 도는 돈이란

어제도 오늘도 돈을 벌기 위해 일터로 향해 일과를
마치고 집으로 돌아가 저녁 먹고 소파에 기대어

오늘의 뉴스를 접하고 침대 위에 노곤한 몸을 던지고
내일을 맞이하기 위해 심신을 달래며 꿈꾸는 세상으로
빠져든다.

아침이면 가벼운 몸으로 잠에서 깨 어제도 벌었던 돈을
오늘도 벌기 위해 일터로 나갈 준비를 한다. 언제나
돈에 배가 고파 한발 앞서 걱정한다.

오늘은 또 누가 수고의 대가를 채워줄까 언제나
한결같은 걱정을 하며 살고 있다.

어느 날 문득 '걱정한다고 되는 게 아닌데 우리는 돈의
노예가 되어 살고 있는 것은 아닐까'하고 상념에 잠길
때가 있다.

나의 삶을 주관하시며 모든 걸 넘치도록 채워주시는 주님을 의지하며 살면서도 그 끈을 놓지 못하고 괜한 걱정을 하며 살고 있다.

99석 가진 자가 1석 메고 가는 자에게 1석 가져다 뭐 하려고 그러나 이리 가져오게 아무리 많이 가진 자도 많은 줄 모르고 모자란 것이 돈이란다.

청년의 음주 운전 미안해서

어느날 새벽에 우리 집 앞 도로에서
꽝 하는 소리에 깜짝 놀라
잠에서 깨어 창문을 열어보니
전봇대를 들이받고 승용차에서
청년 세 명이 신음하며 겨우 기어 나온다
얼른 119에 전화하고

총각 119에 연락했으니
아파도 조금만 참고 기다리라고 하니까
아파 죽겠다고 하면서도
아이~ 왜 신고를 해요
하면서 운다

삐뽀삐뽀 119 오는 소리
이오이오 경찰차 오는 소리
그 총각들은 밤새 술을 마시고
음주 운전 사고를 낸 것

험하게 부서진 차에서
기어 나오는 걸 보고
큰일 났구나 싶어
도와준다고 전화한 건데
참 미안하네

벌금에 운전면허도 반납했을 건데
얼마나 나를 원망 했을까
그런데 대로 이기에 누가 봐도 봤을 것

앞으로는 조심들 하시게
큰 경험으로 삼고

뺑소니범을 잡다

한여름 밤 APT에서 잠을 자는데
갑자기 쿵 하는 소리가 들려
얼른 창문 쪽으로 뛰어가 보니
야 불 꺼 불 꺼
하더니 승용차가 쌔앵 가 버린다

나는 자고 있던 남편한테
저 사람들이 나를 보더니
차에 불을 끄고 도망갔다고 하니까
자다가 벌떡 일어나 나가 보더니

에잇, 백미러를 박살 내고
도망갔다고 화를 낸다
그도 그럴 것이
산 지도 얼마 안 된 새 차를

그러면 신고를 해

차 번호를 알아야지

00허 0000이라고 112에 신고

경찰서죠 예 여기 000인데요
어떤 애들이 우리 차를 치고 도망 갔어요

아, 다치신 데는 없으세요

네, 그런데 소행이 괘씸하다 이거죠

그렇죠, 사모님께서 번호를
기억하셔서 다행입니다
차는 렌트카예요
잡는 대로 바로 연락드리겠습니다

다음날 경찰서에서 연락이 와

애들 3명이 랜트를 해
2박 3일 강릉으로 휴가를 갔다고
당장 불러들인다고 했다

경찰관님 그러지 마시고
어차피 강릉까지 휴가를 갔으니
맘 편하게 놀다 오면
그때 잡으라고 하니까
예 차라리 그렇게 하면 좋겠네요

이틀 후 젊은 청년이 나는 죽었소 하는 표정으로
음료수를 사 들고 와 사모님 죄송합니다
한 번만 용서해 주십시오

하고 빌길래 또 그러면 큰일난다고
타이르고 남편한테 연락
차 수리비가 5만 원이라고 너무 감사하다며

돌아간 후 알게 된 건 무혐의로 해 줄테니
찾아가서 어떻게든 빌고 합의해 오라고 했다고

젊은이들이라 경찰관님께서 관용을 베푼 것

오토바이 도둑

허접한 살림살이에 자전거 한 대에
네 가족이 타고 출퇴근을 한다
딸래미는 앞에 태우고 남편은 운전
아들은 엄마 등에 업혀 뒷좌석에 타고
자전거가 펑크 날 지경

형편이 조금 나아져
거금 1백만 원을 주고
오토바이를 샀다

집에 오면 애지중지
앞에서 끌고 뒤에서 밀며
집안으로 들여놓다가

한 보름 지나 튼튼한 쇠사슬을 구해
기둥에 잠가 놓다가 아침에 일어나
오토바이는 잘 있겠지 하고 문을 열어보니

헉 쇠사슬을 자르고 귀신같이 훔쳐가 버렸다

사랑 땜도 못하고 도둑맞은 오토바이
그날부터 우리 가족은 다시
자전거 한 대에 네 가족이 타고
출퇴근을 했답니다

우리집 애마 쏘나타 님

16년 전 우리에게 온 쏘나타 님
그동안 무탈하게
우리 가족을 지켜준 쏘나타 님

며칠 후면 우리 가족과 작별하고
낯선 곳으로 가게 된다
헤어지려니 생명체가 있는 것처럼
정이 들어 서운하기
이루 말할 수가 없다

감사한 건 작년에 직장 초년생인
운전 경험이 없는 아들에게 가서
1년 동안 안전하게
우리 아들을 지켜 보호해 주고

운전 습득하게 하고 잘 지내다
다시 집으로 돌아온 쏘나타 님께

무한 감사의 키스를 보냈다
나는 언제나 사람의 건강도
차에 비교할 때가 많다

노인들이 여기저기 아프다고 하면
차도 새 차일 때는 씽씽 달리다가
오래 타다 보면 고장이 잦아진다고
사람도 마찬가지라고 얘기한다

우리 집에 온 쏘나타님은 그동안
큰 고장 없이 잘 지내왔다

다른 곳 가서도 오래 오래 봉사하고
사람들의 안전을 지켜주길 기도하네

고딩의 책가방

고딩 네 명이
원장님 여기서 옷 좀 갈아 입어도 돼요?
그래라

커튼 속에 들어가 멋지게 변신하고 나오더니
원장님 우리가 지금 미팅을 가는데
가방 좀 여기두고 다녀 올게요
응 재미있게 놀다 와라

고딩들은 밤 10시가 넘도록 기다려도 오질 않는다
내일 학교에 갈 고딩 책가방 때문에
퇴근을 할 수가 없었다
더 이상 기다릴 수가 없어서 애들을 찾으러 나섰다
시내 한바퀴를 돌다 신호 대기 중
한 학생이 뛰어 미용실 문을 흔들더니
잠긴 걸 알고 다시 뛰기 시작한다
뒤쫓아 가 학생을 만나 가방을 내주고 집으로 가는데

도로에 애들이 떼 지어 걸어가고 있다

애들아 너희들 차도 끊겼는데 어떻게 가려고 하니
걸어서 갈 거라고 한다
늦은 시간 날씨도 추운데 어떻게 가냐고 하니까
뛰어가면 된다고 한다

12시가 넘었는데 거기가 어디라고 뛰어가냐고
택시 타고 가라고 2만원을 주니까
괜찮다고 극구 사양 하길래
야 빨리 받아
예 감사합니다 은혜 잊지 않겠습니다
고딩들이 택시를 타고 금지로 갔다

그 후 군대 다녀온 후까지 단골손님으로 다니던 고딩들
지금은 결혼해서 아빠가 다 되었을 나이인데
어디서들 살고 있는지 행복하길 기도한다

겁 없는 고딩

고등 영어 갑수 쌤 우리 제낭은
강원도 깊은 산골에서 초임을 시작
추운 겨울 어느 날 등교해 보니
간밤에 누가 연탄난로를 가져가 버렸다

며칠 전 컴퓨터를 도둑맞은 뒤라서
어이 없고 화가 나서 교내 방송을 통해
어제 밤 우리 반 난로를 도난당했는데
지금 경찰에 신고, 수사가 좁혀 오고 있으니
훔쳐간 사람은 자수하면 선처해 주겠다고 방송

잠시 후 엉엉 울면서
어느 학생이 교무실로 온다
어제 밤에 난로를 손수레에 싣고
훔쳐 갔다고 한다

당장 가져오라고 하니까

반절 죽은 얼굴로
알았다며 나간 뒤 갑수쌤 퇴근

집에 와서 생각하니 혹 학생이 충격으로
밤새 무슨 일이 생기면 어쩌나
동생 내외 밤새 한숨 못 자고 서둘러 출근

그 학생 먼저 찾아보니
운동장에서 애들하고 까불면서
신나게 축구를 하고 있다

밤새 한숨도 못 자고 걱정했던 걸 생각하니
그놈식끼를 한대 패주고 싶었지만
그래도 아무 일 없이 지낸
그놈식끼를 보니 반가웠 단다

진정한 스승의 마음

듬직한 볼보

2014년 고시원에서 고생하며
지내던 딸래미가 1차 합격하고
체력 준비하기 전 잠시 집에 내려왔다

오랜만에 딸래미 눈 정화도 해 줄겸
철쭉 만발 꽃구경을 하고 돌아오던 중
남편은 신호 대기 중이던 앞차를 받아 사고가 났다
갑작스러운 사고에 너무 놀라 나가보니
앞차는 멀쩡한데 우리 차는 휴지조각 되었다

남편은 수입차를 받았다며 덜덜
딸래미 저 차는 얼마짜리냐? 8천 이상
너는 앞으로 집은 전세 살아도 차는 볼보를 타라하고

앞차로 가서 여성 운전자에게
죄송합니다 다치신 곳은 없는지 묻고
얼른 병원에 가시라고 하고 차 안을 보니

5세 가량 예쁜 여아가 똘방진 모습으로 앉아 있었다
아가야 아픈 데는 없니? 예
그날 우리 차는 폐차 진단
딸래미는 최종 합격까지 멀었는데
이게 무슨 일이람

우리 딸래미는 좋은 성적으로 최종 합격
위로 받았음
얼른 돈 벌어서 딸래미 아들 나도 볼보를 타야지
내 생애 볼보를 탈 수 있을까

사고가 난 그 상황에서도
나를 그런 생각을 하게 하는 볼보는 멋진 차
내가 보기엔 멀쩡했던 볼보
수리비와 병원비가 엄청 나와
알고 놀랄까 봐 말 못하고 있던 남편
나는 먼 훗날 알게 됨

첫 손님

13년 추석 오랜만에 큰맘 먹고
흑표부대로 가 아들을 픽업
충청 여기저기 다니며 구경
가족 휴가를 보내고 일주일 만에 미용실 오픈
생소하기도 하고 오늘 첫 손님은
누가 오시려나 기대가 된다
카운터에서 신문을 보고 앉아있는데
문이 삐지직 힘겹게 밀리며 열린다
오늘 첫 손님은 고딩 때 사고로
머리를 다쳐 장애가 생긴 광이가
술이 떡이 되어 들어와

원장님 돈 좀 빌려 주세요, 얼마
2만원요, 뭐하게
택시 타고 집에 간단다

술 냄새가 진동해 두말하기 싫어서

바로 2만원을 주니까 원장님 짱하며 간다
광이는 나한테 빌린 돈이 한두 번이 아닌데
한 번도 안 갚은 적 없고 계산은 확실하기 때문에
3만원까지는 떼였다 생각하고 언제든 주었다

한참 시간이 지난 뒤 광이가 와서
너 빌려 간 돈 왜 안주냐고 하니까
내가 언제 돈을 빌려 갔냐고 한다
추석 보내고 집에 택시 타고 간다고 빌려 갔잖아 하니까
토끼 눈을 뜨고 내가요하면서 억울해 죽는다

그날 광이는 술이 떡이 되어 필름이 끊긴 것
지금까지 빌려 간 돈을
한 번도 안 갚은 적 없는 광인데
결국 한번 떼먹고 마네
싸워봤자 내가 이기겠냐 그래도 괜찮다
장애우 광이 용돈 준 셈 치자

웃음소리

굳은 비 내린 후 안개가 자욱한 밤
남원장에 가신 엄마를 기다리며
소재지 정거장 막차에 내리실 엄마 마중을
막내 영숙이와 언덕을 오르는데

어린 자매를 교란시키는 현란한 웃음이
히히히히히~ 해해해해해~해~
어제 들은 듯 선명하다

언덕 위에 올라선 순간 우리는 얼음이 된다
아~ 그 이야기로만 듣던 귀신?
고무신에 산더미처럼 달라붙은 붉은 진흙은
우리의 발걸음을 무지하게 무겁게 하는구나

어디선가 형광 불빛처럼 꼬리 달린
큰 불덩이가 일어나 훨훨 날아
저쪽 공동 묘지에 떨어지고

아주 어린 자매를 숨을 쉴 수조차 없이
독한 공연을 하는데 어떻게든
이곳을 벗어나야 한다는 생각뿐

천근만근 된 발걸음 소리는
찌그득 찌그득
어찌나 크게 나서
무섭기를 더하다

왜 몰랐을까 예수의 이름으로 물러가라
그 크신 능력을 모르고 당하고만 있었으니
귀신이 없다고 말하지 않는다

모든 신들은 위대하신 주님께서 지배하고
신중에 신 만왕의 왕이신 우리 주 예수님

칭찬은 고래도 춤추게 한다

2006년 10월 27일
전라북도 도지사배 미용 경연대회
신부메이크업 부문 대상수상
주말이면 신부메이크업 10명씩
예약 받아 놓으면
잘 해낼 수 있을까
잠 못 자고 걱정할 때가 많았다
그도 그럴 것이 중대사에 조금이라도
상처 낼까 걱정하며
당일 초인적인 정신력을 발휘
거뜬히 일정을 마치고
혼자서 만세를 불렀다
한 치의 빈틈 없이 일 잘해 내는 나 자신을
높이 평가하고 나 같은 사람 죽으면
국가적으로 손해라고 생각한 시절이 있었다
자영업은 순발력을 발휘하지 않으면
그 순간 내가 올릴 수 있는

부가가치를 잃을 수 있기 때문이다

하루 일을 하다 보면

1인 다역을 해야 하는 현실에서

극도로 신경이 날카로워질 때가 많았다

우리 샾에 오시는 손님들께서는 나를 보고

칭찬이 끊이질 않는다

부지런하고 빠른 손

항상 깨끗하게 정돈된 샾

칭찬하는 종류는 끝이 없다

남들은 칭찬 일색인데

칭찬 한번 듣고 싶은 그분은

칭찬에 너무 인색하시다

시 작은 엄마가 부르는 내 이름은

예쁜 사람

언제나 칭찬을 해주신다

칭찬은 고래도 춤추게 한다는데

많이 슬픈 IMF

얼마나 부동산 경제에 무뇌아였던지
3개월 앞도 못 내다보고 결혼 15년 즈음
내 가게 하나 갖는 게 소원
2년 안에 갚을 계획으로
빚을 2억 가까이 끼고 작은 건물을 샀는데
3개월 후 IMF 닥쳐 한 달 이자를 420만 원까지
잘되던 가게 매출은 3분의 1로 줄고
한 달 벌어 이자 감당도 어려워
하루하루 사는 게 막막해졌다

손님 없는 가게에 나가는 게 무섭고
파란 하늘은 어딜 가고 노란 하늘 방에 누워
천정을 보면 삶이 무기력해져 희망이 없다
어떻게 하면 남편과 어린 자식들한테
내 목숨이라도 바꿔서 빚을 물려주지 않을까
APT에서 투신할까, 중앙선을 넘을까
오직 그 생각뿐, 살고 싶은 생각이 없다

제일 가슴 아픈 건 남편 반듯한 옷 한 벌,
자식들 사달라는 거 못 사줄 때
빚에 시달리다 세상과 등진 분들
백번 이해하고도 남는다
나도 그 문턱을 많이 가봤으니까
집을 사기 전 형제 같은 친구가
미국으로 이민 가 어려웠는지
천만 원을 빌려 달래서
안 받을 생각으로 줬는데

얼마 후 내가 죽게 생겨
미안함을 무릅쓰고 이야기했더니
1천 2백을 보내오면서 나한테 하는 말
힘들면 요즘은 대형 추세이니
가게를 확장하고 뭔가
이슈를 만들어 보라고 했다
나는 용기 내어 1, 2, 3층을 수리하고

안집도 옮기고 5명의 직원을 두고
매직스트레이트를 남원 최초 도입,
안 풀리면 100% 환불 현수막

성황을 이뤄 빚도 차츰 줄어 마지막 남은
3천만 원을 갚으려고 은행에 갔는데
고객님은 VVIP라면서
돈을 좀 더 써달라고 사정을 한다
아니 무슨 말씀을 하시냐고
제가 지금 은행에 오는 발걸음이
얼마나 가벼웠는지
대리님은 모르실 거라고
빨리 정리해 주라고
집으로 오는 발걸음은 날아갈 듯
기쁜 맘으로 달려와
아무도 없는 3층 방으로 올라가
최고 큰소리로 외쳤다

이야, 이제부터 번 돈은
다 내 돈이다 하고 포효했다

집을 샀을 때 초등 1학년이었던 아들
그사이 딸과 아들은 대학생이 되어
주말에 집에 온 딸 아들에게
먹고 싶은 거 다 사 먹고
쓰고 싶은데 쓰라고
특별 보너스 용돈이라며
50만 원씩을 주니까
눈이 휘둥그레진다

사후기증

나는 2009년 5월 19일 전북대학교 의과대학 연구실에
사후 신체 기증을 했다. 언제인가 의과 대학생들이
연구할 수 있는 시신이 부족해서 짐승의 주검을 가지고
연구를 한다는 뉴스를 보게 되었다.

하나님께서 주신 신체를 생명 다할 때까지 소중히
잘 활용했으니, 미래에 남은 사람들이 죽는 날까지
건강하게 살 수 있도록 의학을 연구하는데 나의 신체는
봉사의 길을 택했다.

21세기를 사는 요즘 사람들의 인식, 15년 8월
여론조사에서 90%는 화장을 원하고 있다. 어차피
죽으면 화장을 하는데 많은 사람이 기증해 연구에
도움이 됐으면 좋겠다.

기증을 결심할 때 큰 용기가 필요하다. 매년 젊은
해병대원들은 사후 많은 기증에 서명하고 있다. 차를

타고 지나가다 호화롭고 넓은 묘지들을 보면 죽은
사람들이 저렇게 해달라고 했을까. 사람이 살아서는
좁은 집에 살다가 죽으면 좁은 대한민국 땅덩어리에
살고 있는 우리인데 집을 짓고 살아도 좋은 땅인데 너무
많이 깔고 있구나.

쓸쓸할 때가 많다.

아름다운 유언

6년, 어느 따뜻한 봄날 새벽잠에서 깨어 사랑하는 딸 정소장과 아들 정 회장에게 이 글을 남긴다.

내가 이 세상에 태어나보니 아주 무책임한 아버지를 만나 1남 4녀 중 셋째로 태어나 모진 고생도 끈끈한 형제애로 덧없이 행복했고 일평생 고생만 하신 부모님 슬하를 떠나

86년 남편을 만나 제2의 인생을 시작, 내생에 젤 행복하고 삶에 기쁨을 느꼈던 시절은 하나님께서 보내주신 최고의 선물 윤희와 해영이를 낳아 키우며 성인이 될 때까지 부모 속 한 번 상해보지 않고 말로다 형용할 수 없이 행복을 주었던 윤희와 해영이에게 고마움을 전하며

하나님께서 나를 부르실 날이 그 언제일지 모르나 나의 심장이 멈추는 날 관과 수의라는 겉치레도

생략하고 하얀 티와 바지를 입혀 사후 기증한 전북대 의대로 보내고 장례 기간에는 생전에 엄마가 핸드폰에 저장, 날마다 즐겨들었던 음악을 틀어 놓아 우울한 장례식장이라는 편견을 깨고 예배 시간에는 평소에 엄마가 좋아했던 찬송 202장을 불러다오.

사랑하는 새끼들아, 엄마가 불쌍해서 울지는 마라. 나는 하나님께서 사랑하는 딸이기에 두렵지 않다. 또한, 나 역시 어떤 고난과 역경에도 주님을 부인하지 않겠다고 맹세한 바 있다.

엄마는 부족함이 많은 삶을 살다 가지만 너희 남매는 지혜로운 삶을 살아 부자가 되어 작은 선행이라도 베풀기 바란다.

모나미야의 최종 학력

아버지의 부재로 장사하시며
오 남매를 홀로 키우시던 엄마
오빠 외엔 나는 교육 혜택을 받지 못하고
외아들 사랑이 극진하신 엄마는
오빠 한 사람에게만 올인

나는 3학년을 마칠 무렵
야무진 모나미야를 욕심냈던
한동네 사는 분이 엄마를 설득

전주 아들 집에 가서 아기를 봐주면
야간 학교를 중학교까지 보내준다고 제안
빛이 보였기에 나는 가고 싶었다

가난한 집안에 한 명이라도
엄마의 힘듦을 덜어 드리고
비록 야간이지만 낮에는 일하고

밤에는 공부를 열심히 해서
성공하리라 생각하고 가겠다고 하니까

언니는 달 밝은 밤 옆에 앉아
어른들의 대화를 듣고
마당에서 팔짝팔짝 뛰며
절대 가면 안 된다고
너는 똑똑하니까 중학교도 가고
고등학교도 가야 한다며 슬피 울었다

다음날 교과서를 보자기에 싸고
짐을 챙겨서 전주로 따라갔는데
2년이 되도록 애 보기와 집안일만 시키고
학교를 보내주지 않았다

때를 놓치고 다시 학교에 갈 수가 없어서
나의 최종 학력은 초등학교 3학년

6학년만 순조롭게 마쳤더라면
중고등학교와 대학교는
내 힘으로 갔을 것인데

나는 배우지 못한 것을
부모나 누구를 원망해 본 적이 없다
그래도 좋은 유전자를 물려주신
부모님께 감사하며 우리는
끈끈한 형제애로 행복했다

한때는 많이 배우지는 못했지만
풍부한 사회생활 경험을 바탕으로
속세를 떠나 자연 속에 묻혀
글을 쓰면 어떨까 생각할 때도 있었다

나는 배우지 못한 것에 부끄러움은 없다
내 운명이니까